U0832517

权威·前沿·原创

皮书系列为

“十二五”“十三五”国家重点图书出版规划项目

北京市教委资助项目
项目名称：学科建设——体育蓝皮书《中国体育产业发展报告（2016）》
内部编号：15516004

体育蓝皮书

BLUE BOOK OF SPORTS

中国体育产业发展报告（2016~2017）

ANNUAL REPORT ON DEVELOPMENT OF SPORTS INDUSTRY IN CHINA (2016-2017)

主　编／阮　伟　钟秉枢

社会科学文献出版社
SOCIAL SCIENCES ACADEMIC PRESS (CHINA)

图书在版编目(CIP)数据

中国体育产业发展报告. 2016－2017／阮伟，钟秉枢主编. --北京：社会科学文献出版社，2017.12
（体育蓝皮书）
ISBN 978－7－5201－2146－0

Ⅰ. ①中… Ⅱ. ①阮… ②钟… Ⅲ. ①体育产业－产业发展－研究报告－中国－2016－2017 Ⅳ. ①G812

中国版本图书馆 CIP 数据核字（2017）第 328128 号

体育蓝皮书
中国体育产业发展报告（2016～2017）

主　　编／阮　伟　钟秉枢

出 版 人／谢寿光
项目统筹／梁艳玲
责任编辑／陈晴钰

出　　版／社会科学文献出版社·皮书出版分社（010）59367127
地址：北京市北三环中路甲 29 号院华龙大厦　邮编：100029
网址：www.ssap.com.cn
发　　行／市场营销中心（010）59367081　59367018
印　　装／北京季蜂印刷有限公司

规　　格／开　本：787mm×1092mm　1/16
印　张：13　字　数：148 千字
版　　次／2017 年 12 月第 1 版　2017 年 12 月第 1 次印刷
书　　号／ISBN 978－7－5201－2146－0
定　　价／89.00 元

皮书序列号／PSN B－2010－179－1/5

编 委 会

主要编撰者简介

阮　伟　博士，北京大学体育产业研究中心创建人。中国第一本体育蓝皮书的牵头人；国家体育总局部级重点课题“体育与城市发展关系”的负责人、国家新闻出版广电总局部级重点课题“中国体育电视产业发展战略”的负责人，多个高校的研究生导师。多年来，亲历体育、体育电视、体育电视经营、体育赛事经营及管理、体育赛事品牌营销等领域，实现了理论与实践的完美结合。参与报道了全运会、亚运会、奥运会、世界杯等多项国际、国内单项和综合性体育赛事，从记者、编辑到责任编辑、制片人，参与并见证了中央电视台体育频道的成立。七年间，创造了中视体育娱乐有限公司业绩平均每年以几乎100%的速度递增发展的奇迹，同时也是“央视・IMG”合资公司的创建人、央视《第五频道》杂志的创建人。

钟秉枢　教授、教育学博士，首都体育学院院长，北京体育大学、福建师范大学博士生导师，兼任国际教练教育委员会副主席、国际大体联学术委员会委员、国际排联规则委员会委员、中国大学生体育协会副主席、中国大学生体育协会空手道分会主席、中国体育科学学会常务理事、中国体育科学学会运动训练学分会主任委、中国教育技术学会副会长、中国教育技术学会高校体育专业委员会主任委员、中国传播学会体育传播专业委员会副主任委员、中国成人教育协会体育高等教育专业委员会副理事长、教育部高等学校高职高专文化教育类专业教学指导委员会委员、中国排球协会副主席、《中国学校体育》主编。享受国务院政府特殊津贴，人事部新世纪百千万人才工程首批国家级专家。主要从事体育教育训练学、体育人文社会学和高教管理方面的研究。截至2012年出版和发表了《我国优秀运动员群体社会流动的研究》《社会转型期我国竞技体育后备人才培养及其可持续发展》《奥林匹克品牌》《职业体育》《我国综合型体育赛事改革的研究》《执教成功之道》《团队管理与领导艺术》等著作和译著20多部，论文300余篇，获得国家级教学成果二等奖3项、省部级教学成果奖9项、省部级科研成果奖11项。

摘　要

通过诸多学者的共同努力，第五本体育蓝皮书《中国体育产业发展报告（2016～2017）》即将与大家见面。46号文颁布以来，你我甚至都不用去看具体数字，就能切身感觉到这个行业风起云涌的发展态势。在这两年，我们经历了中超转播权卖出80亿人民币的天价，见证了资本巨擘万达、阿里、华人文化、腾讯、乐视竞相抢占国内外优质IP，见证了包括国际米兰在内一个又一个欧洲足球俱乐部被中国资本收购，见证了马拉松产业井喷式发展，见证了万国击剑、宏远时代等体育培训机构获得巨额融资，也见证了以各类体育产业自媒体为代表的体育产业报道的崛起与进步。

然而，繁华的表象背后，是依然薄弱的消费基础，热闹的投资层出不断，但资本的凛冬已然悄悄降临。一方面，各地政策逐渐向基层铺开，市场活力得到激发，民众参与热情空前高涨，市场主体动作不断。另一方面，税费问题依然严重，场地缺乏问题未得到根本解决，一些领域依然存在政策壁垒，体育消费水平和质量仍待提高。

作为体育领域内唯一的连续性年度报告，本次体育蓝皮书运用了调查法、数量研究法、文献资料法、定量分析法、定性分析法、个案研究法等多种研究方法。在对体育竞赛业、体育用品业、体育场馆业、体育传媒业、体育旅游业等传统产业研究的基础上，紧紧围绕过去一年体育领域内的各种热点事件，包括46号文两周年、足球改革、赛事版权、校园体育等进行研究和梳理，进一步拓宽了研究的广度、提升了研究的高度、挖掘了研究的深度。

作为体育领域的行业报告，体育竞赛业、体育用品业等主体产业始终是报告不可或缺的组成部分。报告2基于2015～2016年国内资本购买全球优质赛事资源的典型案例，分析了我国体育竞赛产业国际化的投资规模、投资范围与参与方式，提供了别样的研究视角与维度。报告3分析表明体育用品业在进入"十三五"之后呈现持续增长趋势，并在标准化进程和商业模式上有所推进和创新。报告4则从"互联网+"的视角对国内体育场馆市场化、经营模式的发展方向提出设想。报告5重点关注体育旅游，研究如何通过供给侧改革创新体育旅游产业发展思路，创造新的消费增长点。报告6则将视野对准在资本+技术双重冲击下的行业新格局，认为随着移动互联网时代的来临，媒体作为一个平台，既要提供信息，更要提供服务，实现从媒体到服务的二元并举。

热点篇将目光对准焦点事件。报告7试图用采访经历对46号文颁布两年来体育产业的发展进行一定的记述和分析，为中国体育产业的下一步发展提供一份参考。报告8构建了一个严谨的足球发展评价指标体系，对国内各城市的足球发展总体水平进行定量分析，旨在建立长期跟踪我国足球发展的信息平台，客观呈现我国的足球发展水平。

关键词： 体育产业　体育赛事　体育用品　体育场馆　体育传媒

Abstract

Through the joint efforts of many scholars, the fifth sports blue book China Sports Development Report (2016 - 2017) will be soon published. Since the promulgation of No. 46 Document, people even do not have to see the specific figures before personally feeling the surging trend in the industry. In the past two years, people have experienced the sales of CSL broadcasting right of 8 billion yuan and witnessed the competition between capital giants such as Wanda, Ali, CMC Capital, Tencent and Letv to seize the quality IP at home and abroad, the acquisition of European football clubs including Inter Milan by Chinese capital, the rapid development of marathon industry, the huge financing by Vango Fencing, Hongyuan Era and other sports training institutions, as well as the rise and progress of sports industry reports represented by various we media.

However, behind theprosperity, it is still the weak consumption base, lively investment appears constantly, but the cold winter of the capital has come quietly. On the one hand, the policy gradually spreads to the grassroots level, the market vitality is excited, the public has unprecedented enthusiasm of participation, and the main market subjects continue to take actions. On the other hand, the tax problem is still serious, the lack of field is not fundamentally solved, policy barriers still exist in some areas, and sports consumption level and quality remain to be improved.

As the only consecutive annual report in the field of sports, the fourth sports blue book applied the survey method, quantitative research, literature review, quantitative analysis, qualitative analysis, case study and other research methods. Based on the study of traditional industries such as athletic competition, sporting goods, sports venue, sports media and sports tourism, it closely focused on various hot events in the field of sports in the past year, including but not limited to research and ordering of the second anniversary of No. 46 Document, football reform, copyright and campus sports, which further strengthened the breadth, height and depth of research.

As an industrial report of sports, sports competition, sporting goods and other main industries have always been an integral part of the report. The first report analyzed the investment scale, investment scope and participation mode of the internationalization of China's sports competition industry and provided a different research perspective based on the typical cases of purchase of global high quality tournament resources by domestic capital from 2015 to 2016. The third report shows that the sporting goods industry has shown a sustained growth trend after entering the thirteenth five-year plan and has made certain promotion and innovation in the standardization process and business model. The forth report put forward ideas on the domestic sports venue marketization and business model development direction from the perspective of "Internet +". The fifth report focused on sports tourism and researched how to innovate the development idea of sports tourism industry through supply-side reform to create new consumption growth points. Sports media section aimed at the new pattern of industry under the dual impact of capital and technology and argued that with the advent of the mobile Internet era, the media as a platform should provide services in addition to information to achieve the functions of media to service.

Hot spot section focused on the events. The author of the seventh report attempted to use the interview experience to carry out certain description and analysis of the development of the sports industry in the past two years and provide a reference for the next-step development of China's sports industry. The eighth report set up a rigorous evaluation index system of football development and made a quantitative analysis on the overall level of football development in domestic cities, which aimed to establish an information platform for the long-term tracking of China's football development and objectively show China's football development level.

Keywords: Sports Industry; Sporting Events; Sporting Goods; Stadium; Sports Media

目 录

Ⅰ 总报告

B.1 体育产业的理性时代与专业精神 …………………………… 001
一 体育产业的东风 ………………………………………… 002
二 政策形成的六大合力 …………………………………… 004
三 政策与资本的助推 ……………………………………… 016

Ⅱ 行业篇

B.2 中国体育竞赛产业国际化发展趋势研究 ……………………… 019
B.3 体育用品业格局与市场前景分析 …………………………… 039
B.4 “互联网＋”常态下的体育场馆（场地）运营 ………… 091
B.5 供给侧改革背景下体育旅游产业发展路径研究 ………… 108
B.6 “资本＋技术” 掀起媒体的战国时代 ………………… 124

Ⅲ 热点篇

B.7 46号文两周年，中国体育产业究竟走到了哪一步？
——从长三角地区体育产业发展看46号文基层落地情况 …………………… 136
B.8 中国足球发展评价：指标体系构建与实证分析 ………… 149
B.9 中国马术俱乐部发展现状及趋势分析 ……………… 170

CONTENTS

I General Report

B.1 Rational Age and Professional Spirit of Sports Industry / 001

1. Driving force of sports industry / 002

2. Six forces for policy formation / 004

3. Boost of policy and capital / 016

II Industry Reports

B.2 Trend of Internationalization of Sports Industry in China / 019

B.3 Analysis on Pattern and Market Prospect of Sports Goods Industry / 039

B.4 Operation of Sports Venues under Internet+ Normal / 091

B.5 Development Path of Sports Tourism Industry under Supply-side Reform / 108

B.6 Media Competition under Capital and Technology / 124

Ⅲ Key Issues

B.7 Development Status of Chinese Sports Industry

—Two-year Implementation of No.46 Document from the Perspective of Sports Industry Development in Yangtze River Delta / 136

B.8 Evaluation of Chinese Football Development: Construction and Empirical Analysis of Index System / 149

B.9 Analysis on Pattern and Market Prospect of esquitarian club / 170

总 报 告

General Report

B.1
体育产业的理性时代与专业精神

摘 要: 经过过去两年多的井喷式发展，体育产业的理性时代即将来临。只有正视行业现状，遵循发展规律，尊重专业精神，脚踏实地地培育体育产业的土壤，体育产业才能真正实现健康成长。本文对我国体育产业在过去一段时间内的重要事件进行了梳理与分析，并对政策与资本应发挥何种作用进行了思考。

关键词: 体育产业 46号文 赛事版权 足球改革 体育场馆

2016年的体育产业在前两年雄起的某家体育传媒企业裁员

60%，传统运动服装品牌乔丹的官司落败中结束了这喧嚣的一年。2017年，体育产业的热点又将在何处崛起呢？是继续周旋在资本与创业、资本与版权之间还是角逐某一个赛事IP？一切皆有可能。

不过有一点是要在过去这两年的历程中进行总结的，那就是，竞赛产业是体育产业的金字塔尖，站上去是有风险的。同时，竞赛产业也是体育传媒产业的基石，一个项目的版权也许不一定能够拯救体育媒体，但是盲目豪购版权，则一定会把它拖死。中超两年27亿元的版权价值再加上所谓的垄断版权费，应该已经不是用无知可以界定的了。即使是我国最有价值的CCTV－5也不敢两年拿出27亿元购买中超版权，因为单项版权根本不可能售卖出如此高的广告价值，只有世界杯、奥运会这两大赛事才可以一年获得超过10亿元的广告价值，而且这还必须是几个频道联动才能实现。在行业称为小年的年份，CCTV－5的年广告收入充其量也不过在25亿元左右。作为一个单一网络媒体来说，其单项广告收入的年亏损保守计算应该至少在10亿元。这一切告诉我们，体育产业的理性时代逐渐来临，脚踏实地地做事，让专业的人做专业的事，才会收到最好的效果。

一　体育产业的东风

每一位体育产业的从业人员可能都会记住2014年10月20日。这个原本普通的日子之所以变得特殊起来甚至可以被写入中国体育史，是因为当天上午，中国政府网上出现了一个索引号为

000014349/2014－00123 的文件，它就是掀起中国体育产业巨浪的国务院《关于加快发展体育产业促进体育消费的若干意见》，也就是俗称的“国务院 46 号文”。

它的特殊意义在于，第一次把中国体育产业放在了如此之高的位置，同时它也是新中国成立以来第一个由国务院颁布的有关促进体育产业及体育消费的文件。《人民日报》评论说：“体育产业在我国体育事业乃至国民经济中的权重，从来没有像今天这样凸显。国务院近日印发的《关于加快发展体育产业促进体育消费的若干意见》，终于令游离多时的体育产业在浩浩汤汤的时代大潮中找到了自身的担当与定位。”

2015 年 12 月 8 日，在国新办举办的 46 号文贯彻落实情况新闻发布会上，时任国家体育总局副局长冯建中介绍说，全国 31 个省（区、市）全部出台了本地区关于 46 号文的实施意见。更重要的是，全国 31 个省（区、市）在 2025 年体育产业规模的目标值合计超过 5 万亿元，达到了 7 万亿元。各省欣慰领命，相继拿出具体措施，制定细则，操刀上阵，为完成目标开始努力奋斗。

表 1　全国各省（区、市）2025 年体育产业规模目标值

单位：亿元

序号	省(区、市)	目标	序号	省(区、市)	目标
1	福　建	10000	5	浙　江	5000
2	广　东	8000	6	北　京	3000
3	江　苏	7200	7	上　海	3000
4	山　东	6000	8	河　北	3000

续表

序号	省(区、市)	目标	序号	省(区、市)	目标
15	四　川	1500	19	吉　林	1000
16	广　西	1300	20	天　津	1000
17	江　西	1300	21	重　庆	1000
18	黑龙江	1150	22	云　南	1000
9	河　南	3000	23	贵　州	800
10	湖　北	2600	24	山　西	650
11	安　徽	2000	25	海　南	275
12	辽　宁	2000	26	甘　肃	150
13	湖　南	2000	27	青　海	105
14	陕　西	1500	28	宁　夏	70

注：西藏、新疆和内蒙古三地未设置具体产业规模目标值，本表未包括港澳台三地。

除了各级政府外，各部委也紧锣密鼓地部署贯彻46号文。截至2015年12月8日，围绕46号文件的贯彻落实，国家体育总局、发改委、文化部、财政部、新闻出版广电总局、旅游局、统计局已出台包括《体育总局关于全面清理不利于体育产业发展有关规定的通知》《中央集中彩票公益金支持体育事业专项资金管理办法》《体育总局办公厅关于进一步清理规范赛事收费的通知》在内的15份配套文件。2016年，《足球发展中长期规划》《中国冰雪运动发展规划》等配套文件也相继出台。

从2013年的一万亿元到2025年的5万亿元，这意味着体育产业有400%的增长空间。那么，政策的密集出台到底给中国体育产业带来了什么？还存在哪些问题亟待解决？

二　政策形成的六大合力

国务院46号文的推出，在资本市场一石激起千层浪。资本热血沸腾地在两年时间内快速将两百亿元投入竞赛、健身、互联网体育等子领域，这对于推动体育产业的快速发展确实是一件好事。

除了资本浪潮的席卷外，2016 年 5 月 5 日，国家体育总局印发的《体育发展“十三五”规划》再定目标，要求到 2020 年全国体育产业总规模超过 3 万亿元，实际上根据各方设置的目标应该是超过这个数字；至于经常参加锻炼的人数要达到 4.35 亿是否能够落实，还得看教育、文化、市场与场馆能否实现完美结合；而人均体育场地面积达到 1.8 平方米是否具有效用，还要看这些场地距离群众生活圈的距离以及其便利条件。比如，鸟巢即使很大，五棵松即使很近，但关键还在于如何服务大众，否则人均 1.8 平方米的意义也不大。

接下来，笔者将梳理政策东风给中国体育产业带来的六大变化以及在具体执行过程中的实际状况。

1. 职能转变：真的到位了吗？

2015 年 5 月 11 日，国务院办公厅转发文化部、财政部、新闻出版广电总局、体育总局《关于做好政府向社会力量购买公共文化服务工作意见》的通知。政府向社会力量购买体育公共文化服务，对 5 类项目有利好：公益性文化体育产品的创作与传播，公益性文化体育活动的组织与承办，中华优秀传统文化与民族民间传统体育的保护、传承与展示，公共文化体育设施的运营和管理以及民办文化体育机构提供的免费或低收费服务。

但我们也应该看到，如果政策执行不到位，政府既要监督又要参与，既要当运动员又要当裁判员，那么再好的释放民间商业力量的政策也无法发挥效用，体育产业的火热只能变成虚火。很多老问题在新办法的设置中，换了一种形式继续被保留了下来。比如，商业赛事无须审批，但各地体育局仍然坚持需要批文，否则就无法举办或者无法提供引导资金；如果当地体育机构不支持，赛事想要落地就不可能，没有审批的赛事无法得到相关的支持。同样，在46号文的推进中，国家体育总局各中心下属有自己的公司，各地体育局也纷纷成立体育产业公司参与各类赛事的主承办及商业运营、规划体育产业园、规划体育特色小镇等。各地政府机构如此热情，不言而喻就是受利益驱使。

当然，江苏、浙江等沿海省份相对来说政策执行得要好些，例如江苏在加快社团、体育企业的培育上做得较好，探索医保卡应急健身的模式，满足了老百姓的健身消费需求。“体育部门的三大任务可以分为竞技体育、全民健身和体育产业。体育产业有很大的经济利益在里面，原则上政府只能管，不能办，政府一办的话就会跟老百姓抢利益了。”华南师范大学体育科学学院教授谭建湘表示。

2. 取消审批：赛事IP自身的价值究竟有多大？

46号文对赛事层面的影响是最显而易见的——“取消商业性和群众性体育赛事活动审批”，46号文中的这句话，大大促进了赛事的开放与发展。国务院政策一颁发，自然就有相关行业政策跟进出台，46号文出台2个月后，相关政策接连出台。2014年12月24日，体育总局印发《关于推进体育赛事审批制度改革的若干意见》和《在华举办国际体育赛事审批事项改革方案》的通知。前者明确规定，除全国综合性运动会和少数特殊项目赛事外，包括商业性和群众性体育赛事在内的全国性体育赛事审批一律取消。而后者则按国际体育赛事主办方、比赛性质和重要程度将在华举办的国际体育赛事分为 A、B、C 三类，按“计划报批，分类审批”进行审批管理。同时指出，由社会中介机构举办的商业性、群众性国际体育赛事不在此列，可根据当地规定自行办理相关手续。

这些政策都激发了国内体育赛事市场运营的活力，再借 2022 年冬奥会落户北京和张家口、2022 年亚运会将在杭州举办之东风和一些资本的助推，各路赛事大有对标欧美百年职业联赛之态势。诸如，中超赛事版权价值飞升，有望拉动中超联赛的层级；CBA 赛事的拥有方及经营方角逐之后崭露峥嵘；全国排球联赛在中国女排获奥运冠军之后再显威力，获得资本青睐；此外，诸如全国乒乓球超级联赛、羽毛球、台球、冰雪项目等一系列赛事价格也都一路飙升，可谓是捷报频传。网球版图也同样在不断扩张，中国网球公开赛一举估值到 30 亿元，除了原有的中国网球公开赛、上海大师赛、广州网球公开赛外，武汉网球公开赛诞生于 46 号文同年，珠海于 2015 年加入 WTA 大家庭，成都则在 2016 年被纳入 ATP 版图。而在马术运动方面，全国马术障碍赛、耐力赛、速度赛、绕桶赛等赛事价格的飙升速度可以说居各项赛事之首，增长幅度达到 400%。

在赛事市场增速喜人的同时，我们也应该清楚地看到，以上列举的大部分赛事 IP，基本从属于国家体育总局，其中的企业只是负责商业运营，这与欧美国家的赛事 IP 权益由民营企业拥有有很大区别。如果政府不出钱，上述赛事能够依靠市场活下来的恐怕寥寥无几。

随着商业赛事权益取消审批这一有利于市场发展的政策出台，我们相信自主 IP 赛事会慢慢发展起来，而这才是中国体育竞赛产业最终发力的基石。万达全资收购世界铁人公司从 IP 理论角度上来看是正确的，但是对于中国体育产业市场却似乎毫无意义。赛事位于体育产业上游的供给侧，是塑造体育消费的渠道，围绕着赛事能产生 IP、媒体转播版权、场馆运营、商业开发、票务消费等多个体育领域的经济价值。而在体育之外，赛事带来的则是对投资、营销、就业、酒店、旅游、消费等相关产业环节的带动。

3. 城市场馆：面临的困惑仍然存在

体育竞赛产业所生产的赛事产品需要在场馆最后组装完成并实现销售，各类运动场馆是促成体育竞赛产品售卖的终端场所。46号文提到，“创新体育场馆运营机制。积极推进场馆管理体制改革和运营机制创新，引入和运用现代企业制度，激发场馆活力。”其实在此之前的 2014 年 1 月 14 日，国家体育总局和财政部便联合发布《关于推进大型体育场馆免费低收费开放的通知》，要求体育部门所属大型体育场馆向社会免费、低收费开放。同年 9 月 12 日，国家体育总局印发关于《大型体育场馆基本公共服务规范》《大型体育场馆运营管理综合评价体系》的通知。

这一系列文件实际上都是要解决场馆的运营维护费用问题。任何场馆的免费开放都有一个前提，那就是要能支撑起基本的人员工资奖金、场馆的维护等相关费用，而这些费用主要是通过政府投入、广告、售卖赛事产品的场租以及其他相关产品销售场租和联合经营等手段获取。所以场馆的免费开放一定是有前提的，除了政府补贴外，其他收入必须依靠市场完成。而我国有些场馆在建造初期根本不考虑运营成本及所处的地理位置，这势必就会出现一种很尴尬的局面，让管理者头疼不已。

继46 号文之后，2015 年1 月15 日，国家体育总局印发《体育场馆运营管理办法》，强调体育场馆的公益属性和体育服务功能，并要求进行市场化和规范化运营。

但据谭建湘介绍，中国全部170万个体育场馆里面大约九成以上是事业性质，但是不一定都在体育部门手里，有46%在学校，还有一些在党政军机关中。为此，真正具有经营性质的大中型体育场馆并不多，北、上、广、深的大型体育设施不少，二、三线城市的体育设施还有很大的缺口。

另外，体育场馆的使用效率并不高。其根本的原因一方面在于体制本身的一些制约造成了国有事业单位和民营企业在结合上存在障碍；另一方面，由于我们的场馆规模一般都比较大，赛事产品的商业利润又不高，原本在赛事产品的生产和销售上就已经比较艰难，在售卖的过程中又要承担庞大的场馆租赁、安保、消防等费用，这些都使民营企业举步维艰。

当然，情况也在发生变化，一些地方正在把场馆的事业单位属性转变成企业性质。10多年前，深圳市就把深圳体育中心几大场馆的事业单位性质转变成国有企业性质，但是变成国有企业之后，依然受到了很多因素的制约，在项目投资、市场机会、商业判断方面的反应与民营企业依然不同。这些企业的风险显然都要转嫁到生产赛事产品的各类企业上，而两者运营理念又有很大差距，同时还要背负不必要的人员工资，结果是谁都不好过。

因此，把场馆放进市场，这就要求场馆的运营管理必须符合市场需求。只有到这个时候，我们才恨不能把场馆缩小一半，把场馆搬到老百姓身边，遗憾的是这一切都无法改变，之前的管理者、运营者都需要为大而全买单。

4. 高价版权：谁忽悠了谁

从2014年到2016年，在体育产业狂卷资本市场这一热潮中，最受热捧的一词莫过于“版权”。这恐怕是互联网类的体育媒体对体育竞赛产业所做的最大贡献了，它结束了中国版权市场由CCTV－5定价的历史。

版权作为赛事产品最主要的收入来源，版权价格越高，赛事产品生产企业的利润就会越高，而再生产的能力也就会越强，这是相对于赛事产品生产企业而言的。而对于体育媒体企业而言，拥有赛事版权是其存活的基本前提，但是在这个前提之后，使用版权资料生产产品的能力、市场对此的认知度以及投入产出是否相匹配就是媒体经营管理者需要考虑的问题。但是这两年，或许是资本方或许是媒体经营者在“用户至上”的呼吁中忘却了生意的基本准则，把讲故事忽悠资本作为第一要务，这就出现了一个现象：天使和A轮看团队和项目，B轮看流量，C轮看收入，似乎利润对于一个企业已经不重要了，因为那是上市以后股民要去承担的事。这个故事从互联网诞生到2015年变成了颠扑不破的铁律，结果自然就是一味地抢夺版权，这就是版权价格一路飙升的原因。

这两年，据说乐视体育购买了300多个项目的版权，将自己的估值推到215亿元，一夜之间大有超越央视体育之风范，无论是国内还是国外，过去卖不出去的版权都成为抢手货，确实让业内人士大跌眼镜。行业内稍稍有点媒体常识的人，恐怕都会百思不得其解。有心人粗算了一下，按照央视体育的平台价值来算，这些版权几乎没有一个能够在媒体平台上收回成本。不过投资人是这样回答的：在二级市场挣钱。不过当投资人回答这个问题之后，有人说：花费 80 亿元购买中超版权的体奥动力借壳上市失败，你们投资人怎么挣钱？投资人说：我们将继续布局，因为只有上市才是唯一解套的办法，最后股民要承担所有的费用。这恐怕就是互联网行内一些人说的“羊毛出在猪身上”，我们只能拭目以待。

我们再从赛事产品收入方面来看。作为赛事产品的生产企业，其核心收入来源主要体现在四个方面：一是广告；二是门票；三是版权；四是衍生产品。没有前三个，第四个不成立，当然从资本角度来看，还要考虑一点就是其 IP 归属。这就是赛事企业需要考虑的收入路径。

除了 46 号文外，2015 年 12 月 24 日，国家新闻出版广电总局印发了《关于改进体育比赛广播电视报道和转播工作的通知》，再次强调和支持了 46 号文中的规定。伴随着政策的放开，体育转播版权市场竞争迅速加剧，资本涌入，巨头竞逐，版权价格高企。中超、NBA、西甲、英超等赛事转播版权均卖出天价，WTA、欧冠篮均与中国公司签下长约，还有大量小众赛事版权纷纷进入中国大陆。作为体育产业从业者，我们当然希望不是由股民买单，而应该由市场买单，要真正替老百姓服务，获得老百姓的认同，版权才会真正有价值。

5. 足球改革：要面子更要里子

从 2014 年到 2016 年，还有一个热捧之词“足球”，由于足球改革从足协开始，足球无疑是体育产业变革中最受关注的。无论是足球项目本身还是足协改革，都应该是为了整个体育产业快速发展打开市场大门，剔除既当运动员又当裁判员的管理顽疾，为我国体育产业的健康发展树立标杆、厘清思路、扫清障碍。

2015 年 3 月 8 日，国务院办公厅印发《中国足球改革发展总体方案》（以下简称《方案》）。《方案》明确指出，全国中小学校园足球特色学校在现有 5000 多所基础上，2020 年达到 2 万所，2025 年达到 5 万所。

按照这个标准到 2025 年，每所足球学校按照 5 名足球专业老师配备，应该配置 25 万名。现有一般条件的小学有 1～2 名足球专业老师，有的小学恐怕根本没有足球专业的老师，按照每校均有 1 名足球老师计算，那么至少每所学校还要增加 3～4 名，总量上要增加 15～20 万名足球教师。全国目前大约有 150 所拥有体育院系的学校，按照每年每个院系供给 100 名足球专业的毕业生填补至特色足球学校所需的师资队伍计算，也才刚刚满足 2025 年足球学校的最低师资配备要求。

除了专业师资的需求严重不足之外，还有一个就是场地的制约。2016 年 4 月 6 日，《中国足球中长期发展规划（2016～2050 年）》（以下简称《规划》）出台。《规划》再次从足球学校、校园足球、足球人口和足球场地等方面下达指标。随后的 5 月 9 日，《全国足球场地设施建设规划（2016～2020 年）》发布，规划足球场地方面的指标。政策是好的，方向也没错，但是我们要知道“十年树木，百年树人”的道理，足球教育作为体育教育中的一个组成部分，要遵循教育规律，要符合人的全面发展，一切从实际出发。办好现在的足球教育是根本，是基石。中国足协与国家体育总局正式脱钩，也撤销了足管中心及编制，但从国情角度等各类因素出发，体育总局副局长蔡振华仍然兼任足协主席，这是否又回到了原点呢?

对此，谭建湘做了个简单总结:“中国足协的改革还不是很彻底，但是现在已经开始改，已经开始在逐步地管办分离了，专门意识到协会的实体化的问题，国家体育总局也提出了十几个非奥运项目作为试点先行。体育部门的改革应重视核心资源的市场化，如运动员、运动队、赛事、场馆等，如这些资源不能进入市场，谈何产业?”从目前来看，中超卖了好价钱，国家队还是依然如故。

不光足球，篮球亦背负着同样的使命。今年6月，NBA中国与教育部续约，共同推动校园篮球，计划500所中小学作为校园篮球特色校，推行篮球体育课程。然而让笔者疑惑不解的是，这个推动中国学校篮球培养计划的合作方为什么不是CBA，而是NBA? NBA代表着美国文化，高调进入教育体系，不禁使人反思，我们的文化自信去哪里了?我们的CBA为什么就没有这样的社会责任感?我们的中小学篮球已经到了CBA无法推动的地步?甚至还有一些地方引进美国NFL进行阳光体育的教育活动，NFL是美国文化的极致体现，这实在令人大跌眼镜。对此，正如习主席所说，我们需要反思“文化自信”何去何从。

要合理地配置和处理好学校体育教育与市场上的竞技产业之间的关系，是我们体育人厘清思路的关键。教育是一个国家的未来，体育教育是整个教育的组成部分，也是中小学教育中的基石。这两年，我国招兵标准一再降低，我们的教育者应该对此感到惭愧。教育不能搞大跃进，足球也一样。学校体育教育就是要求学生掌握一项技能、养成一个习惯，终身受用，达到强身健体之目的。

6. 体育旅游：产业相融，要借势发力

在各项政策大力助推下，2016年1月至4月举办的311场各类大型体育赛事监测数据显示，观赛和参赛人数共计338万人，由赛事产生的旅游、交通、住宿、餐饮等关联消费达119亿元，对举办地的经济拉动超过300亿元。这些数据仅作为一种参考，但是我们也显然能从中感受到各地发展体育产业的高涨热情，也能看出国家对于我国体育服务业的重视程度。

2016年5月15日，国家体育总局、国家旅游局签署《关于推进体育旅游融合发展的合作协议》；2016年10月14日发布的《国务院确定进一步扩大国内消费政策措施》表示，消除制约体育等消费的体制机制障碍，加快发展健身休闲产业，发展冰雪、山地、水上、汽摩、航空等户外运动和电子竞技等；而全面健身规划还将马术、帆船纳入健身计划之中。这不能不说是一次体育与旅游的完美结合。从产业融合角度讲，也是有着天然的结合契机。

但体育旅游要想发生质变，面临的挑战不小。其关键在于贯彻国家供给侧结构性改革的政策，因势利导，借势而为。在欧美发达国家，大型体育场馆旁往往开有多家酒店、餐厅以及Shopping Mall，小范围内便能满足游客娱乐、休闲、购物、住宿的需求。体育旅游是一种融合发展，这是由体育与旅游各自特点所决定的。

就体育消费而言，大体分成两种：一种是日常生活环境中的各类体育消费；另一种是在旅游过程中进行的体育消费。这就需要我们在布局“体育+旅游”或者“旅游+体育”产业的过程中，既要有常规措施，也要体现特色。

常规的就是满足常住人口的基本体育消费，比如，健身环境、竞赛环境等；而特色的就是在旅游过程之中体现特色消费，比如，去坝上骑马、去鸟巢观看赛事、去张家口滑雪、去海南自驾游艇和冲浪、观帆船比赛、登泰山观日出与定向山地越野、去黄山观云海听松涛与跑马拉松等，体育旅游实际上就是将自然景观与人文景观完美融合的一种生态体系，如何将人文景观有效地融入自然景观或者说如何将自然景观体现出人文景观，这是一个创意、是一个创新。

常住人口的体育消费就目前而言，大多需要有一个基本的运动环境，这就是我们常说的健身场所。但是，我国的场馆在建设初期大多只考虑场馆本身的高大上，基本不考虑其建成之后如何服务于城市人群，很少从商业角度考虑周边配套设施和业态的发展情况。“基本是建球场就是建球场，不考虑周边配套，我们球场就是这样。不只是中网，国内几乎所有体育场馆、体育赛事都很难完全留住人，因为自身没有形成生态。”中网总经理张军慧说。当然，这其中也有综合业态发展的案例，以万达 IRONMAN 70.3 合肥站为例，赛事终点设在万达文化旅游城。在这个类似卫星城的综合体中，包含了万达茂、万达乐园、酒店群、住宅和商业地产项目，能从度假、休闲、娱乐、赛事等方面满足选手、游客和观众的多方位需求。合肥万达文化旅游城开业不久，恰逢赛期和周末，万达茂人气旺盛，酒店夜晚亮灯率较高，但非赛期人流量如何，则还有待时间检验。

所以，体育旅游必须坚持如下原则：第一，原本的自然景观如何与创新的人文景观相结合；第二，体育旅游一定是作为旅游目的地的配套并且符合旅游认可的诉求；第三，体育旅游只能是因势利导，顺势而为；第四，体育旅游也是合理解决国家供给侧结构性改革的一种有效手段。我们希望各地推出特色小镇在考虑硬件的情况下，必须坚守软件配置的基本底线，在2017年乘好东风，服务于民。

三　政策与资本的助推

国务院46号文有两层深意，一是配套规划的落地，二是主管部门的简政放权。后一点更为重要，“放开商业赛事和群众性赛事审批”是实实在在推动市场发展的一股春风。当然，一个文件无法迅速改变一个产业，一方面它需要众多与之配套的政策；另一方面这些政策需要能真正落实执行。我国体育产业依然受体制性因素掣肘，体育消费人口规模仍旧不大，这些都是现实。

但就中国特殊的国情而言，政策的指向性和资本的推动力，双轮驱动仍是一个产业发展不可忽视的动力所在。中国体育产业也不例外。

2015年，腾讯与NBA签下一纸5年5亿美元的独家契约，原是新浪、乐视、腾讯三家共享的权益，如今由腾讯独揽。此外，腾讯还成为ESPN在中国大陆的独家内容合作伙伴，落子不多却颇显实力。

政策让资本方比行业内人士信心更加高涨，黎瑞刚说到做到，2015年9月28日，其旗下的体奥动力在中超版权角逐中，以80亿元的价格拿下五年的版权，分别是前两年各10亿元，后面三年分别是每年20亿元，将上年度的版权价值直接提升了100多倍，实在是信心满满，可谓“信心比黄金珍贵”。随后，黎瑞刚很快将中超前两年（2016 年、2017 年）的版权以 27 亿元的价格卖给了乐视，看样子乐视比黎瑞刚还要有信心。不过如果从市场角度来分析，这是连 CCTV－5 也不敢轻易触碰的高额版权价格，不知买家如何实现盈利？打破常规的做法究竟是智慧的投资还是出于非理性的投机，最后只能是让市场去做评价。华人基金在拿下中超版权之后，于 12 月 1 日联手中信资本再次出手，以 4 亿美元的价格收购了曼城足球俱乐部的母公司城市足球集团 13% 的股份，从目前来看，目标实际上是在瞄准二级市场，当然，这是金融行业从业者的看法。

蛋糕必须分享。起家于杭州的马云也指挥着阿里巴巴开始了一连串的动作：2015 年 9 月成立阿里体育公司，12 月宣布赞助世俱杯，随后涉足体育彩票，与国家体育总局乒羽中心、中国拳击协会、罗纳尔多足球学院等达成合作。在 46 号文出台前几个月，阿里巴巴就已经入股恒大足球俱乐部，其旗下天猫、淘宝等电商平台早就是中国最大的线上体育用品集散地了。

和阿里巴巴关系密切的苏宁集团于 2015 年入主江苏足球俱乐部，其旗下 PPTV 也在 2015 年 7 月成立了体育传媒事业部，从直播服务、赛事运营、体育投资等方面切入。

你方唱罢我登场，地产大亨王健林出手自然不能小气，从乐视、盈方到马德里竞技、德甲球美因茨，再到全资收购美国世界铁人公司，接着又宣布成为国际足联顶级赞助商，这一系列举措不能不说是大手笔，其过去 30 年在中国体育市场上的投资总额也远远不及这两年的投资。

资本进入体育产业市场，必然催生体育产业中各个企业的快速发展，这无疑是体育行业的幸事。它为体育创业公司特别是中小创业者带来了一阵春风，因为在我国包括竞赛产业、健身产业在内的很多领域中，大多都是小微企业，急需发展的资本，当然，未来的市场也一定是由这些企业发展起来的。

从资本方角度来说，投资任何项目都是无可厚非的，只要投资人愿意。不过若论上述各位大咖的投资，哪些真正对中国体育产业市场发展有利，恐怕除了中超版权以及国内企业和项目的投资外，其余基本产生不了太大的价值。要真正有利于中国体育产业的发展，应该实实在在地关注中国的体育企业，做好国内的体育产业。

竞赛产业是体育产业的重要组成部分，我们必须要清楚体育竞赛产业的特点，要给体育竞赛产业的发展留出时间和空间。要投资，不要投机。竞赛产业是无法投机的，就如同用 80 亿元去购买中超版权一定会消化不良，而且市场也就此产生一个泡沫，让真正想做的企业失去机会。

产品是企业生存的硬道理，在体育竞赛产业中，每一个企业的产品都具有周期长、投资大、见效慢的共性，一旦长大就很可观，但它必须是在中国生长、开花和结果。如果只是为了超越别人，就从国外买来产品或是租来产品，结果不是水土不服就是给别人作嫁衣。就如同无论 NBA 在中国打多少场，最终都和中国体育产业没有关系，因为它传播了美国文化，给中国人上了课，拿了中国人的钱，产品还不是中国人的。笔者认为这并不是国家发展体育产业的真正意图。

行 业 篇

Industry Reports

B.2

中国体育竞赛产业国际化发展趋势研究

摘 要：基于2015～2016年国内资本购买全球优质赛事资源的典型案例，本文分析了我国体育竞赛产业国际化的投资规模、投资范围与参与方式。研究认为我国企业购买的优质竞赛资产涉及资金规模约为388.65亿元，涉及企业18家。这些中方资本购买国外顶级体育赛事资源的主要目的是进行全球战略布局、迎合国家宏观战略以及对冲人民币贬值风险。中国企业在通过资本购买竞赛产品时，呈现追求顶级品牌和稀缺资源、依赖企业或人际优势禀赋、追逐政治资本和社会资本等特征。建议通过参与国际体育治理秩序、推动人才多元化交流、引入精细评估体系来实现竞赛产业国际化的有效发展。

关键词: 大型体育赛事 产业国际化 中国资本 海外购买

一 全球体育竞赛产业发展现状与我国体育竞赛产业国际化背景

2008 年次贷危机之后，以竞赛表演产业为核心业态的体育产业表现抢眼，成为持续低迷的全球各类行业中为数不多的亮点。尤其是在发达国家，以竞赛表演业为核心的体育产业已经成为国民经济行业中的支柱产业。以美国为例，四大体育联盟——职业橄榄球联盟（NFL）、职业篮球联盟（NBA）、职业冰球大联盟（NHL）和职业棒球大联盟（MLB）在每个财年都能获得200 多亿美元的收入，和中国整个文化娱乐产业（包括电影产业、电视剧产业以及动漫产业）的总规模相当（易剑东、郑志强、詹新寰等，2016）。另以意大利足球甲级联赛、英格兰足球超级联赛、西班牙足球甲级联赛、德国足球甲级联赛、法国足球甲级联赛为代表的“欧洲足球五大联赛”为例，在欧洲宏观经济条件萎靡不振的背景下，据德勤会计师事务所 2016 年 6 月公布的《2016 年度足球财务报告》显示，2014/2015 赛季的五大联赛总收入规模约为 888.82 亿元。欧洲各地的职业足球俱乐部依然引起全球资本追逐，球员身价和转会费令人咋舌，顶级足球赛事及其相关产业保持近 4.5% 的强劲增长（德勤咨询，2016）。

从全球范围看，全球体育竞赛产业的发展同样令人振奋。根据 Sportcal 公司发布的《全球体育影响力报告》数据显示，2015 年全球共计有 38 个国家的 119 个城市举办了 83 次综合或单项国际体育赛事（部分国际赛事由不同国家多个城市举办），单纯门票收入就高达 4 亿美元，带动的赛事转播权和特许经营权销售等市场价值远远超过 20 亿美元。同时，依托大型体育赛事形成的“赛会节庆周期”，已经成为推动体育、旅游与城市融合发展，实现旅游业和城市升级快速增长的关键。

但从这些大型体育赛事的分布上看，欧美国家占据着垄断地位。以 2015 年的世界锦标赛或洲际以上综合运动会为例，欧洲举办了 62 项国际体育赛事，约占该年度全球所举行的顶级赛事的一半，远超其他大洲。同时，在北美洲举办的国际赛事有着显著增长，从 2014 年的 11.7% 增长到 2015 年的 22.9%。相较于欧洲和北美洲，亚洲、大洋洲以及非洲地区举办的国际赛事次数总体偏少（见图 1）。

从国家层面来看，2015 年国际赛事东道主国家的分布同样显示出欧美国家垄断的状况，其中北美洲的传统体育强国加拿大、美国各主办 7 项，分列第一、第二；欧洲的丹麦和德国，则各主办 5 项国际赛事，位列第四、第五。我国由于承办了 2015 年世界乒乓球锦标赛、2015 年世界田径锦标赛等 5 项赛事，同时成功申办 2022 年冬季奥林匹克运动会，位列第三（见表 1）。

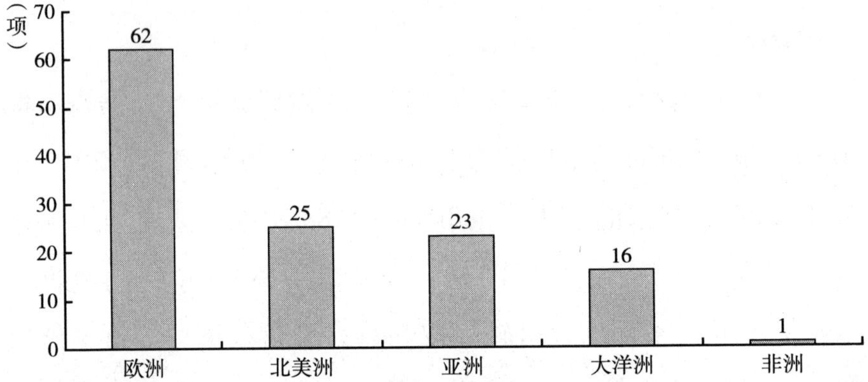

图1　2015 年各大洲举办的国际赛事数

资料来源：Sportcal，2016。

表1　2015 年全球举办赛事最多的五大国家

国家	所属大洲	赛事数(项)	主办城市	赛事
加拿大	北美洲	7	多伦多	2015 年泛美运动会
			魁北克市	2015 年世界冬季运动大师赛
			哈利法克斯	2015 年世界男子冰壶锦标赛
			温哥华	2015 年女子足球世界杯赛
			卡尔加里	2015 年世界速滑全能锦标赛
			汉密尔顿	2015 年世界花样轮滑锦标赛
			萨斯卡通	2015 年男子垒球世界锦标赛
美国	北美洲	7	洛杉矶	2015 年特殊奥运会夏季世界运动会
			里士满	2015 年公路自行车世界锦标赛
			比弗克里克	2015 年高山滑雪世界锦标赛
			贝尔维尤	2015 年男子壁球世界杯赛
			芝加哥	2015 年世界铁人三项总决赛
			华盛顿	2015 年世界举重锦标赛
			拉斯维加斯	2015 年摔跤世界锦标赛

续表

国家	所属大洲	赛事数(项)	主办城市	赛事
中国	亚洲	5	贵阳	2015 年第 41 届世界越野锦标赛
			北京	2015 年世界田径锦标赛
			东莞	2015 年苏迪曼杯羽毛球赛
			上海	2015 年世界花样滑冰锦标赛
			苏州	2015 年世界乒乓球锦标赛
丹麦	欧洲	5	哥本哈根	2015 年世界射箭锦标赛
			海宁	2015 年女子手球世界锦标赛
			布拉格	2015 年国际冰联世界锦标赛
			米泽尔法特	2015 年女子帆船对抗世界锦标赛
			欧登塞	2015 年蹦床世界锦标赛
德国	欧洲	5	莱比锡	2015 年室内曲棍球赛
			斯图加特	2015 年艺术体操世界锦标赛
			温特贝格	2015 年有舵雪橇和无舵雪橇世锦赛
			柏林	2015 年现代五项世界锦标赛
			汉堡	2015 年混合铁人三项世界锦标赛

资料来源：Sportcal，2016。

承办大型体育赛事不仅带来了众多的商机，还是一个大国或新兴国家展示自身实力、形象的卓越舞台。目前来讲，国际体育赛事作为全球优质的文化产品，其本质上是稀缺的，稀缺引起竞争。目前应当属于全球优势竞赛资源竞争的初始阶段，主要呈现以下两个特点：一是进入门槛较高，竞争者不多，仅有传统大国或体育强势地区参与；二是赛事资源的竞争属于发展层次，具有非紧迫性。但从国际经济政治环境发展态势上看，由于后发劣势，为了迎头赶上，必然有国家或地区宁愿付出更加昂贵的成本，进而导致竞争越来越激烈，付出的代价越来越大。

此外，全球顶级体育文化产品重心的转移，除了不同文化与意识形态层面的对抗之外，其关键在于体育现有资源所有方与需求方的不匹配。例如在35家奥林匹克国际单项体育联合会中，34家位于欧洲，其中有23家联合会所在地位于瑞士。以上原因都导致国际顶尖体育资源的转移面临重重困难。

2014年10月，国务院发布《关于加快发展体育产业促进体育消费的若干意见》，提出将“全民健身上升为国家战略，把体育产业作为绿色产业、朝阳产业培育扶持”，同时要求“充分发挥市场在资源配置中的决定性作用，加快形成有效竞争的市场格局，积极扩大体育产品和服务供给”，为我国体育竞赛产业国际化发展提供了政策引导。同时，北京和张家口成功申办2022年冬奥会，也将使我国体育产业迈入新的“奥运经济周期”。在国务院46号文和奥运经济的双重驱动下，中国企业开始采取出资入股、收购股权、增资、并购以及组建股权投资等方式“走出去”，将全球优质赛事资源“引进来”。

二　我国体育竞赛产业国际化现状

体育竞赛产业国际化主要是指优质竞赛资产的全球流通，从供给方来看，主要是通过资产的出售来获得直接利润，实现股份构成的多元化与国际化。从需求方来看，主要是通过资产的购买，能够迅速融入全球顶级竞赛资产生态圈，并在该平台上获取包括直接的赛事经营利润和其他无形收益。由于我国职业体育发展水平的原因，本研究主要讨论中国资本向外扩张的状况，即中国企业或投资者在国外以独资或中外合资的形式，介入国外直接从事或间接从事体育产业的企业组织内。运营模式包括在境外新成立或收购公司，中方股东以注资的形式将中国资本引入国外公司成为股东，或者中外体育企业联合投资达成战略合作等。

1. 具体投资案例

本研究采用文献资料法和访谈法，从传统媒体和网络媒体上搜集了2015年1月至2016年9月所有的中国企业购买国外优质体育资源的投资并购案，然后通过上市公司公报、俱乐部公告、非上市公司声明以及收购者个人声明等官方消息源确认，将18家企业发起的20起中国企业境外投资或跨国投资行为作为“我国体育竞赛产业国际化”的研究对象（见表2）。需要说明的是，乐视体育投资购买美职篮、F1赛车、英超联赛、网球大师赛等赛事转播权，阿里体育投资德国wige电竞公司，以及红杉资本携手WME - IMG公司等投融资案例，由于无法完全确定具体操作内容，未能体现在本研究报告中——这也意味着，我国体育竞赛产业国际化所涉及的资金，可能要远远超过本研究所分析的规模。

表2　中国企业跨国体育投资案

中资代表	海外资源	具体内容	资金规模	运作方式	时间
中欧体育	意大利足球甲级联赛AC米兰俱乐部	收购AC米兰99.93%的股份，其中包含俱乐部约2.2亿欧元的债务。此外，中国财团承诺将在未来3年投入3.5亿欧元扩充资本，用于球队引援	54.58亿元	收购	2016年9月

续表

中资代表	海外资源	具体内容	资金规模	运作方式	时间
云毅国凯	英超足球联赛西布罗姆维奇足球俱乐部	云毅国凯收购西布罗姆维奇控股有限公司100%的股权，从而间接持有西布罗姆维奇俱乐部88%的股权	14.75亿元	收购	2016年8月
复星国际	英冠联赛狼队俱乐部	复星国际从前任主席史蒂夫·摩根手中全资收购获得俱乐部100%的股权	3.73亿元	全资收购	2016年7月
阿里集团	国际拳联	成立独家全球合资公司，联合推广运营拳击运动和比赛，标志着阿里体育拿下国际拳联所有赛事资源独家运营权	33.8亿元	战略合作合资	2016年7月
双刃剑体育	西班牙甲级足球联赛格拉纳达俱乐部	双刃剑体育总裁蒋立章个人出资收购格拉纳达俱乐部98.13%的股份，成为格拉纳达俱乐部的最大股东	2.73亿元	入股	2016年6月
苏宁集团	意大利甲级足球联赛国际米兰俱乐部	通过认购新股及收购老股的方式，获得国际米兰俱乐部约70%的股份	20.12亿元	入股	2016年6月
铂涛集团	法国甲级足球联赛尼斯俱乐部	集团收购80%的股份，其中董事长郑南雁以个人名义参与收购，拿到40%的股份，成为最大的单一股东	7.37亿元	全资收购	2016年6月
联合睿康集团	英冠联赛阿斯顿维拉足球俱乐部	集团董事长夏建统全资收购阿斯顿维拉足球俱乐部，并成为俱乐部新主席	7.3亿元	入股	2016年5月

续表

中资代表	海外资源	具体内容	资金规模	运作方式	时间
暴风科技	新加坡国际体育媒体服务 MP&Silva 公司	集团控股基金“浸鑫投资”完成对 MP&Silva Holding S. A. 公司的收购，拥有该公司 65% 的股份。MP&Silva 是全球知名的体育媒体服务公司，核心业务是足球、网球、篮球、赛车和手球等体育赛事版权管理和分销	67.7 亿元	入股	2016 年 5 月
复娱文化	葡萄牙体育经纪公司 Gestifute	出资 200 万欧元获得由豪尔赫·门德斯控股的 Gestifute 公司约 0.83% 的股权，并宣布签署战略合作协议，开展球员经纪、赛事运行等方面业务	0.15 亿元	入股 战略合作	2016 年 1 月
华人文化	英国超级联赛曼彻斯特城俱乐部	与中信资本入股英超曼城俱乐部大股东“城市足球集团”，占 13% 的股份。同时，华人文化董事长黎瑞刚成为城市足球集团董事会七名成员之一	27.08 亿元	入股	2015 年 12 月
星辉互动	西班牙甲级足球联赛皇家西班牙人	收购皇家西班牙人足球俱乐部股权并增资，交易完成后，可控制俱乐部股份合计超过 50.1%	4.42 亿元	入股	2015 年 11 月
乐视体育	法国拉加代尔集团	战略入股世界体育集团（现更名为拉加代尔体育亚洲），获得后者 20% 的股份，成为该公司第三大股东	5.08 亿元	入股	2015 年 10 月

续表

中资代表	海外资源	具体内容	资金规模	运作方式	时间
华信能源	捷克布拉格斯拉维亚足球俱乐部	收购布拉格斯拉维亚足球俱乐部60%的股份，成为第一大股东	0.74亿元	入股	2015年9月
万达集团	美国世界铁人公司	并购美国世界铁人公司,将在国内全面推广铁人系列赛事。同时签约推广大使、办铁人训练营	52.8亿元	全资收购	2015年8月
道博股份	欧洲 MEDIABASE SPORTS (MBS)体育经纪公司	全资收购上海双刃剑体育营销和资源服务公司,进而与MBS体育经纪公司合作,将介入赛事版权交易,运作国内外球员(教练)转会和肖像权商业开发;与欧洲顶级俱乐部深度合作	8.2亿元	全资收购	2015年7月
德普科技	法国乙级联赛索肖俱乐部	旗下子公司莱德斯公司从法国标志汽车集团收购索肖俱乐部100%的股份,德普科技声称希望借助其足坛影响力提升公司品牌形象	0.49亿元	全资收购	2015年7月
万达集团	瑞士盈方体育经纪公司	将介入体育赛事运营、市场开发、广告方案、转播技术支持以及数字媒体开发;同时提供赞助商服务、转播权服务以及运动员经纪	73.7亿元	全资收购	2015年2月
万达集团	西班牙足球甲级联赛马德里竞技俱乐部	出资购买俱乐部20%的股份并进入董事会,双方还将合建青训中心,在中国建设3所足校	3.32亿元	入股	2015年1月

续表

中资代表	海外资源	具体内容	资金规模	运作方式	时间
合力万盛	荷兰甲级足球联赛海牙俱乐部	收购海牙队98%的股份,还将进行青训、运动员和教练员经纪以及足球培训等战略合作	0.59亿元	入股	2015年1月

注：暴风科技等部分中资企业的投资已经有官方消息源确认，但具体投资金额可能有所出入，为有效反映我国体育产业国际化的真实状况，本研究对非官方消息源予以采信，特此说明。

2. 投资规模与范围

我国企业购买的优质竞赛资源涉及资金规模约为388.65亿元，其中2015年全年境外投资额176.42亿元，而从2016年1月至2016年9月，中国企业为收购境外体育优质资源已经付出了212.23亿元的阶段投资，超出2015年全年总投资35.81亿元，较之2015年全年增长20.3%。从投资频率来看，2016年5月份之后，中国企业购买国外赛事资源的情况越来越多，同时投入的资金规模也越来越大（见图2）。从投资范围上看，目前中国企业境外购买国际优质赛事资源的地理空间范围已经遍及英国、美国、法国、意大利、西班牙、德国、葡萄牙等多个国家。购买的竞赛资源项目则主要集中在足球、拳击、铁人三项等领域，其中足球领域的最多，中国资本迄今已完成了对英国、法国、西班牙、意大利、荷兰和捷克等国家10余家海外俱乐部的并购。在具体的体育产业经营活动上，主要包括赛事经营与管理、运动员经纪、赛事经纪、转播权开发与转让等内容。

3. 参与企业与方式

从目前来看，参与国外优质体育赛事资源购买的企业，主要是

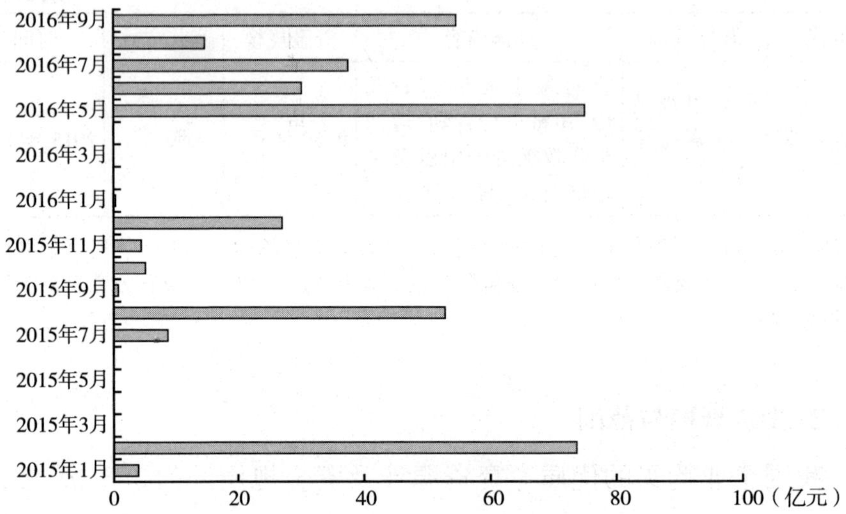

图 2　中国企业购买国外赛事资源的时间和资金

房地产企业、互联网企业以及跨行业经营企业。这些企业资金充沛、掌握前沿资讯且在海外上市（或正筹备海外上市），同时公司负责人多具有留学或游学的背景，感受过国外职业联赛或顶级赛事的氛围，以上综合性优势赋予了这些企业推动中国竞赛表演产业全球扩张的冲动，并尝试通过直接并购或注资国外优质赛事资源来增加自身企业的赛事产品单元。在所有的企业中，万达集团以129.82亿元的总资本，占据了所有中国企业购买国外优质竞赛资金的33%。暴风科技、中欧体育、阿里集团和华人文化分别列第二至第五位。同时，前五位企业的投资总额占比为所有体育企业海外投资总额的81%，显示出强大的资源集聚效应，换句话说，少数中资企业入股顶级赛事资源的收购案，是我国体育竞赛国际投资的核心支撑（见图3）。

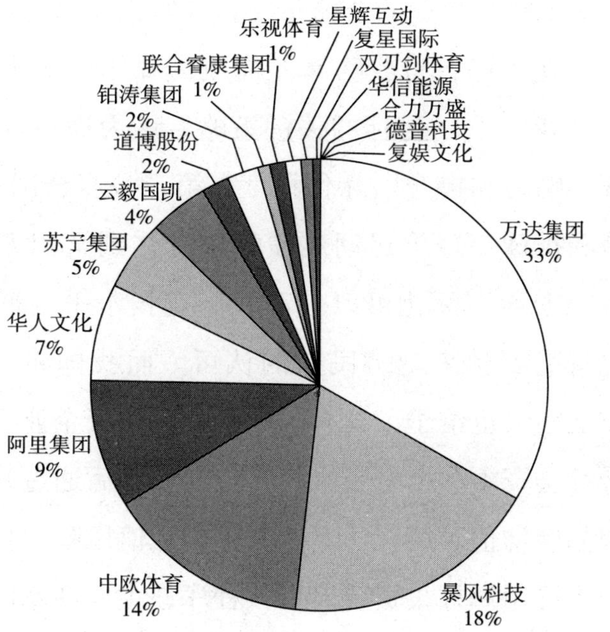

图 3　购买国外赛事资源的中国企业及其投资规模

在所有收购案中，收购后中方企业拥有股份超过 50% 的有 16 起（100% 全资收购的有 6 起），标志着这些中资企业将进入董事会或决策层，直接介入被收购方的管理与发展战略，具体推动中国青少年运动员海外训练、运动员和教练员经纪以及体育经营管理人才培养等战略事务。拥有股份低于 50% 的投融资案例有 4 起，这些企业通常主要是与被入股方在某项目或某方面进行合作。例如万达集团出资购买西班牙足球甲级联赛马德里竞技俱乐部 20% 的股份，目的是希望能够进入俱乐部董事会决策层，来促进双方合建足球青训中心，推动万达在中国的足球学校发展战略。

4. 投资目的

中资企业购买国外顶级体育赛事资源主要目的可以分为三个方

面。第一，实现体育产业的全球布局。例如，万达集团作为中国超大型的民营企业集团，将收购海外优质资源作为实现其“全球最大体育产业企业”这一目标的关键策略，认为通过并购能够有效地推广品牌影响力和提升国际化程度。第二，迎合国家宏观战略。足球、篮球和排球等球类运动成绩的提升受到全国人民的热切期盼，体育竞赛产业国际化可以带动我国竞技水平、青训水平的提升，企业也将受到越来越多民众的认可。而我国将“全民健身”上升为国家战略，也给予了具有国际视野的中资企业更多的机会将政治资本、社会资本和金融资本相互打通，然后通过政府背书走向海外，实现品牌增值。第三，对冲人民币贬值风险。目前我国执行较为严格的人民币海外投资政府审核程序，主要涉及国家发展改革部门（包括国家发展和改革委员会及省级地方发展和改革委员会），国家商务主管部门（包括商务部和省级地方商务主管机关）以及国家外汇主管部门（包括国家外汇管理局和省级地方外汇主管部门），以上单位分别拥有不同的审批权限和核准资格。而国内企业在进行境外投资（Oversea Direct Investment，ODI）时，我国政府的相关政策在发起条件和资质审查方面会有所倾斜，保持着宽松的资金流出渠道和态度。

三　购买国外优质体育赛事资源对我国体育竞赛产业的作用

根据国家统计局《国家体育产业统计分类》的界定，体育赛事是“以竞技表演的方式向市场提供精神娱乐产品，以满足人们观赏需求的组织机构与活动的集合体，主要包括职业和非职业体育竞赛表演经济活动”。而以职业竞技联赛为代表的体育竞赛表演业，是中国整个体育产业未来潜力的核心构成，对于体育用品业、体育中介业、体育场馆业、体育传媒业等其他体育产业具有强劲的拉动作用，对于文化产业、旅游产业、休闲产业以及广播电视传媒产业等具有巨大的辐射效应（阮伟，2015）。我国低层次的体育赛事数量很多，但最具有社会影响力、社会关注度、经济效益以及市场预期的国际性体育赛事依然很少。因此，在市场上，供给者、管理者和消费者的三个核心利益相关方并未形成成熟的体育竞赛产业生态圈，这就导致球迷并不愿意付费，进而难以形成自下而上的原动力和利益均沾的运作机制（见图4）。

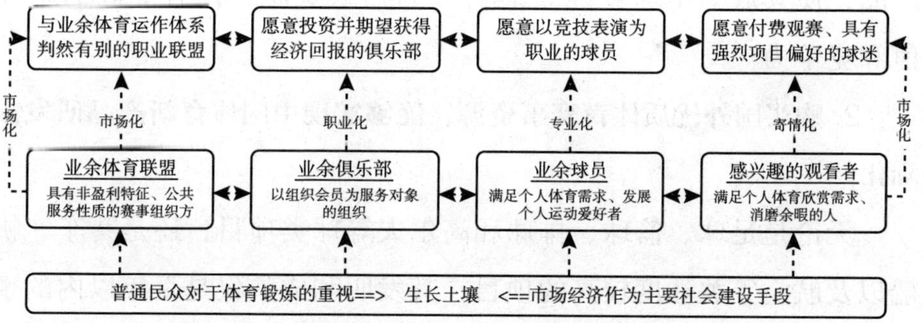

图4　竞技赛事及其良性成长的生态圈

中国企业在通过资本购买竞赛产品时，呈现追求顶级品牌和稀缺资源、依赖企业或人际优势禀赋、追逐政治资本和社会资本等特征。在此背景下，通过购买国外优质体育赛事资源，有可能对我国体育产业生态产生多方面的促进作用。例如让我国体育迷重新认识付费观看和尊重版权；为我国体育企业培养或引入一批赛事经营与管理人才；让我国体育行政部门认识到市场机制的有效性，打破体制束缚等。因此，以购买国外优质赛事资源为代表的体育竞赛产业国际化，有可能成为促进我国体育消费和体育产业发展的关键推动力。

1. 购买国外优质体育赛事资源，能够帮助中国体育企业经营国际化

直接介入全球顶级体育组织、赛事联盟和俱乐部的经营管理，能够帮助中国公司快速学习国外成熟的经验和运作模式，进而打造新赛事、改善旧赛事，生产出与世界接轨的体育竞赛产品。同时，也能有效保留国外的体育赛事运营、管理和商务人才资源，以高度专业化分工为基础，集结全球人才共同合作完成一项赛事产品，使其成为全球竞赛表演业中的稀缺资源，拥有更高的附加值和竞争力。

2. 购买国外优质体育赛事资源，能够实现中国体育新产品研发国际化

无论是足球、篮球、排球和高尔夫等球类项目，还是赛车、帆船以及航空等关注度较高的项目，其发明和成熟仅是百年以内的事情，这在人类漫长的历史长河中不过一瞬。因此，在可预见的未来，可能还将有很多新的体育项目和赛事被研发，而这不仅需要巨大的投入、跨界协同，还需要深入理解现有赛事产品的核心竞争力和人文精神。购买国外优质体育赛事资源，有助于在全球层面开展新产品的研发和设计，这不仅拥有极大的便利性，还能够大大缩短研发实验周期。

3. 购买国外优质体育赛事资源，能够帮助我国突破传统体育管理秩序

从目前来讲，国际赛事及其申请筹办规则主要由欧美国家掌握话语权，而以中国、卡塔尔等为代表的新兴国家，已经将体育产业作为国家经济发展战略中的关键步骤，这意味着突破欧美垄断的体育自治结构，活化全球赛事竞争格局将成为未来赛事产业发展的主题，也是中国产业国际化必然要面对的问题。因此，当前并购国外优质体育赛事资源，将减少未来可能产生的直接冲突，在积极、互动中实现全球体育治理秩序和赛事竞争格局的转型，重塑全球体育赛事竞争格局。

四　我国体育竞赛产业国际化优化措施

2015 年，随着世界经济增速持续放缓，无论是第一产业、第二产业还是第三产业，大多数行业发展状况总体上普遍低于预期，全球复苏之路崎岖艰辛，国际经济活动和资本竞争环境日益复杂。面对复杂的外部环境，中国经济进入“稳增长、调结构、促发展”的外向型经济发展期。体育产业作为具有强拉动、泛辐射、多关联等特征的第三产业，无论是体育竞赛表演业、运动健身休闲业，还是体育用品制造业、体育旅游业，大多保持着强劲的增长势头。随着我国体育竞赛表演业国际化发展，国内资本购买全球优质赛事资源这一行为目前已经呈现了收购事件越来越多、资本运作越来越快、资金投入越来越大的特点。但同时，还呈现过于追求顶级品牌和稀缺资源、过于依赖企业或人际优势禀赋、过于追逐政治资本和社会资本等问题。针对这些问题本报告提出如下建议。

1. 引入质量评估体系，做好对海外赛事资源资产的科学评估评价

对海外赛事资产进行综合评估应当作为中国企业投资决策科学化的关键。大型体育赛事本身具有聚集性、体验性、外部性和综合性等特征，同时也是一个较为复杂和系统的项目，牵涉的利益相关主体较多。中国企业在加大海外赛事资产配置时，首先，需要精确地评估评价赛事资源本身的价值，以及自身对这些资源的开发能力，不要盲目跟风。其次，要谨慎选择合作伙伴和机构，增强对政治风险的抵抗能力，防止在运作期间出现外部环境冲击和内部混乱。最后，应当提升自身的技术能力和专业性，选择熟悉的赛事资源入手，平衡投资收益和风险。

2. 政产学研多方联动机制，培养本土体育赛事经营管理专业人才

大力引进国际中介经纪公司成立分公司或办事处，将其先进的知识管理框架引入国内，进而协助建立适合我国国情的体育经纪管理体制、培养体系和运作方式。同时，在青少年培养、球迷群体、媒体宣传、中介组织、行业管理、裁判队伍、企业回报、政策保障、资金支持、场地设施等多方面予以支持。针对体育中介市场的资金、税务、法律等管理不够专业和规范的现状，以及为监督类体育中介机构提供更大的市场空间，政府应帮助体育企业进行培训或引导教育，帮助其进一步发展。

3. “走出去”的同时坚持“引进来”，打造资源有效嫁接生态系统

全球体育市场治理结构不足，导致体育关键资源分配不均。因此充分利用国家外交力量、研究专家资源、侨胞资源、留学生资源优势，积极参与全球体育治理，提升全球体育秩序的中国话语权和影响力。从企业层面上讲，应当以赛事运作为主体，引进赛事组织，并对赛事进行运营和推广；充分挖掘顶级赛事的商业潜力，拓展转播权出售、特许经营以及球星训练营各种业务；资源整合，引入商业合作伙伴，围绕赛事形成资产运营和资本运作的金融化建设，力求基本形成以体育主体产业为基础，多业并举、多种所有制并存，相互促进、共同发展的产业发展新格局。中资企业、国际体育组织和海外体育俱乐部应多方协同联动，挖掘产业国际化之后的新增长点，充分调动存量资源，聚合培育增量资源，推动体育与金融、经纪、中介、旅游等相关产业的联动开发。建立中央和省市级政府之间的协调机制，让国内二、三线城市在申办大型、有国际影响力的体育赛事上，能够获得优先权；借鉴日本与韩国共同举办“世界杯足球赛”模式，鼓励我国城市和国外城市联合申办、承办国际赛事，全面制定相关的政策及相应的规划以支持和促进体育赛事与城市旅游的协调发展。

参考文献

德勤咨询：《2016 年度足球财务报告》，德勤有限公司体育咨询部，2016。

任慧涛：《善治：奥林匹克运动及全球体育秩序新起点？——从任海教授〈国际奥委会演进的历史逻辑〉谈起》，《天津体育学院学报》2014 年第 6 期，第 506～511 页。

阮伟：《中国体育产业发展报告（2015）》，社会科学文献出版社，2015。

Sportcal, Global Sport Impact Report, Sportcal Global Communications

Ltd. , 2016.

许玲：《基于边际产业扩张理论的中国体育用品业海外并购研究》，《体育与科学》2011 年第 3 期，第 54 ~ 59、63 页。

易剑东、郑志强、詹新寰等：《中国体育产业政策研究：总览与观点》，社会科学文献出版社，2016。

易剑东、任慧涛：《体育产业纳入我国战略性新兴产业的可行性及其潜在进路》，《武汉体育学院学报》2015 年第 3 期，第 5 ~ 11、52 页。

王莉：《我国体育企业资本扩张模式研究》，武汉理工大学博士论文，2012。

B.3
体育用品业格局与市场前景分析

摘　要：　我国体育用品业在“十二五”期间遭遇衰退，在进入“十三五”之后则呈现持续增长趋势。本文首先概述了全球体育用品业的整体发展情况，其次从经济数据入手，对我国体育用品业的运行现状、市场格局、标准化环境和战略进行了深入分析，继而重点关注我国体育用品业的商业模式创新，最后分析了我国体育用品业的发展趋势。

关键词：　体育用品业　市场格局　标准化　商业模式

一　全球体育用品业的发展现状

（一）全球体育产业发展现状

2014 年，全球体育产业增加值为 1.5 万亿美元，约占全球 GDP（77.3 万亿美元）的 1.94%，其中体育用品业占 40%，服务业占 50%[①]。

① 灵核网市场研究院：《2016 年我国体育用品行业市场分析》，http：//www.ldhxcn.com/quyuyanjiu/gdcj/20160902－39018.html，2016 年 9 月 21 日。

2015年，美国体育产业的市场规模达到4984亿美元，占其GDP的2.9%，占全球体育产业总规模的33%。其中，户外运动产业增加值所占比例最高，为1600亿美元，体育用品销售产业的增加值也达到了480亿美元①。

就体育产业占GDP的比重而言，中国目前还远低于全球平均水平（见图1）。在韩国，体育产业占GDP的比重为3.0%，美国和法国都为2.9%，日本为2.5%，巴西为2.1%，英国和德国皆为2.0%，而中国仅为0.7%②。另外，我国现阶段体育产业结构也并不成熟，与国外差异较大，体育服务业占比不足20%，仅为美国体育服务业占比的1/3。

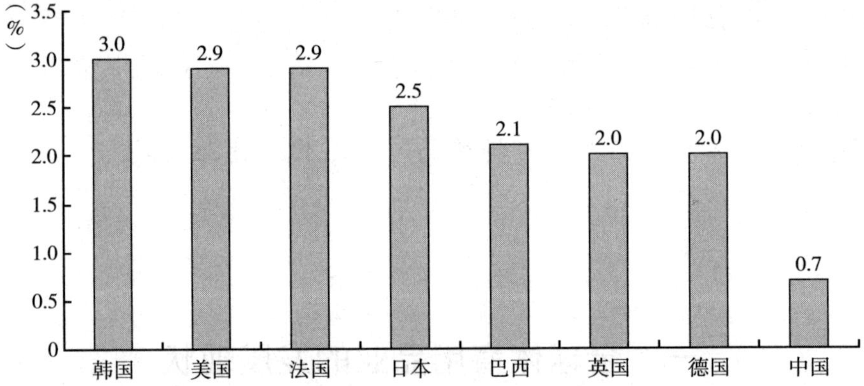

图1　2015年全球体育产业产值占GDP比重

资料来源：http：//money.163.com/16/0318/15/BIETPLGU00254IU1_2.html。

① 搜狐体育：《美国户外运动占体育产业42.2%增加值为1600亿美元》，http：//sports.sohu.com/20160913/n468381010.shtml，2016年9月13日。

② 中商情报网：《2016年中国体育产业现状：奥运金牌数第二 产业占GDP第几?》，http：//www.askci.com/news/life/20160818/11183454860.shtml，2016年8月18日。

（二）全球体育用品业发展现状

全球体育用品行业在 Nike 和 Adidas 等行业巨头的拉动下呈现整体繁荣的面貌。Nike 和 Adidas 目前已成为千亿量级的公司。耐克 2015 财年的营业收入为 306 亿美元①。2016 年上半年耐克的净利润为 8. 46 亿美元，同比下降 2. 2%，营业收入达到 82. 4 亿美元，同比增长约 6%。Adidas 2015 财年的营业收入增长 16%，达到 169 亿欧元，在固定汇率下，其增幅高达 10%，超越了市场所预期的 167 亿欧元②；2016 年上半年，Adidas 的销售额达到 91. 91 亿欧元，较 2015 年的 79. 9 亿欧元上升 15%。

一方面，科技创新与运动用品产业的关系愈加密切。2016 年 10 月 4 日，Nike 发布了具有发光及带 Power Laces 自动绑鞋带功能的新款 Nike Air Mag，别出心裁地以购买彩票的方式进行发售；2016 年 10 月，Adidas 采用了 ARAMIS 动作捕捉技术，根据个体的皮肤或骨头的压力和松弛度，设计并生产了 500 双名为 Futurecraft M. F. G. 的跑鞋，标志着人工智能逐渐进入运动鞋生产领域。

另一方面，在生产方式上，体育用品企业逐渐改变以往传统的生产模式，大量采用灵活性较强的自动化生产模式，进而有效地提高其产品从设计、生产到上市的速度。近年来，各大运动品牌除了相互之间激烈竞争之外，其市场空间还受到了大多数时尚品牌的挤

① 亿邦动力网：《运动鞋销量超耐克 安踏 2015 年营收过百亿》，http：//www.ebrun. com/20160224/166769. shtml，2016 年 2 月 4 日。

② 中国品牌服装网：《Adidas 集团 2015 年业绩超出预期　复苏之势强劲》，http：//www. tnc. com. cn/info/c －001006 － d －3561351. html，2016 年 2 月。

压，比如 Zara、Uniqlo、H&M 等，这些品牌最大的竞争优势就是以“快”著称的生产模式。以 Zara 为例，其利用特有的沟通和物流配送体系，将整个设计、生产和交付等程序进行压缩，基本上能达到 15 天之内完成①。

此外，在“运动休闲”风潮盛行的这几年里，除了 Lululemon、Under Armour 等行业“龙头”不断推陈出新之外，一系列新锐运动品牌也在大力抢占市场份额。Outdoor Voices 品牌是 2013 年以来在美国迅速崛起的互联网运动时尚品牌，迄今为止，该企业的融资总额已达到 2250 万美元，前景一片大好。截至 2016 年 4 月，Outdoor Voices 的年销售额已经增长了 8 倍，其中 80% 来自电商②。

二　中国体育用品业的发展现状

（一）中国经济环境分析

1. 相关经济数据分析

（1）我国 GDP 总量及分析

2015 年，我国 GDP 总量达到 676708 亿元，结合近三年的增速

① 搜狐体育：《机器人工厂将为阿迪达斯带来什么?》，http：//sports. sohu. com/20161008/n469779701. shtml，2016 年 10 月 8 日。

② 搜狐体育：《融资 2250 万美元挑战 Lululemon，互联网运动时尚品牌 Outdoor Voices 是这样崛起的》，http：//sports. sohu. com/20161010/n469913732. shtml，2016 年 10 月 10 日。

和当前世界经济的整体发展情况来看，我国 GDP 的增长速度仍然明显高于世界平均水平（见表 1）。

国民经济在错综复杂的国内外形势和持续较大的经济下行压力的情况下，保持了平稳增长的态势。与此同时，随着经济改革的进一步深入，经济结构得到进一步优化，落后产能受到政策限制并逐渐被淘汰。而这种环境也对体育用品行业的生存发展提出了新的机遇与挑战，对体育用品企业的创新能力和产品研发能力提出了更高的要求。

从产业结构上看，第二、第三产业持续保持了较高的增长率，结构性改革不断深入，经济结构得到进一步优化。体育用品生产属于第二产业，而随着我国供给侧改革的深入，"三去一降一补"的成效初显，工业生产者购进价格呈下降趋势，整体上体育用品生产企业在原材料成本方面的压力减小，这有利于企业更好地控制成本风险，降低产品价格，对于企业的发展是有利的。与此同时，第三产业继续保持了迅猛发展的势头，在国民经济中所占比例在 2015 年更是首次超过 50%。体育用品业的发展离不开第三产业强有力的支撑，随着人们对于健康的需求越来越高，体育用品业的发展将获得更为广阔的空间。

表 1　中国 GDP 总量及增长率

年份	GDP 总量（亿元）	增长率（%）	年份	GDP 总量（亿元）	增长率（%）
2011	484123.5	9.3	2014	636462.7	7.4
2012	534123.0	7.8	2015	676708.0	6.9
2013	588018.8	7.7	2016 Q2	340636.8	6.7

资料来源：国家统计局。

（2）我国进出口情况分析

2014 年，我国进出口总额为 43030.4 亿美元。2015 年，我国进出口总额为 39569.0 亿美元，比 2014 年下降 8.0%，出口额为 22749.5 亿美元，同比增长 -2.9%，进口额 16819.5 亿美元，同比增长 -14.2%。

2016 年上半年，我国进出口总额 17113.7 亿美元，同比下降 8.8%，其中，出口总额 9842.3 亿美元，同比增长 -7.8%，进口总额 7271.4 亿美元，同比增长 -10.2%，进出口差额 2570.9 亿美元（见表 2）。

表 2　中国进出口总额

年份	进出口总额（亿美元）	增长率(%)	年份	进出口总额（亿美元）	增长率(%)
2011	36418.6	22.5	2014	43030.4	3.4
2012	38671.2	6.2	2015	39569.0	-8.0
2013	41589.9	7.6	2016 Q2	17113.7	-8.8

资料来源：国家统计局。

从近几年我国进出口的数据看，整体上我国进出口贸易总额的波动较为明显，特别是近两年的增长速度放缓，甚至出现了负增长的情况，整体上进出口贸易面临着较大的发展阻力，形势较为严峻。目前我国正处于经济结构调整的重要阶段，我国经济更深地融入世界经济，对外贸易发展也随着全球经济低速增长进入新常态发展阶段。不过，我国出口仍明显好于全球主要经济体，市场份额较上一年有所提升，出口贸易方面保持了相对稳定，而进口贸易则持续出现大幅度下滑，我国继续保持了较大的贸易顺差。在此复杂的大背景下，虽然出口贸易相对进口贸易继续保持了强势，但出口额绝对值的下滑对于我国体育用品企业“走出去”抢占国际市场施加了更大的压力，对于产品的创新和科技含量也提出了更高的要求，而进口贸易的持续萎缩则为国内体育用品品牌抵挡国际品牌“入侵”提供了相对宽松的环境。

（3）我国居民收入与消费情况

2015 年全国居民人均可支配收入为 21966 元，比上年增长 8.9%，扣除价格因素，实际增长 7.4%。[①] 从国家统计局提供的相关数据我们可以看到，我国居民的人均收入继续保持了多年连续增长的态势，城镇居民和农村居民收入同时保持了增长，但整体增长速度呈逐年下滑的趋势。

受到教育程度、收入、消费观念以及价格因素的影响，城镇居民仍是体育用品消费市场的主力军，但农村居民收入和消费的增长速度近两年均超过了城镇，因此随着农村居民的生活水平越来越高，农村将是体育用品业一个不可忽视的市场。在此种情况下，体育用品行业整体的发展会受到一定的限制，国际与国内大品牌为了保持增长将更多的注意力投入二、三线城市及城镇，甚至是农村市场，大品牌的价格越来越低，逐渐被更多的顾客所接受，而小品牌由于缺乏产品创新，同时伴随着原来的价格优势逐渐消失，生存空间被进一步蚕食，生存环境变得更加恶劣。

① 数据来自国家统计局。

（二）我国体育用品业整体规模

我国体育用品业在“十二五”期间遭遇衰退后，于“十二五”后两年呈现两位数增长。2015 年我国体育用品行业增加值预计达到2800 亿元，同比增长15. 8%，占GDP 的比重为0. 41%，进出口总额为190. 04 亿美元，同比下降5. 38%，实现贸易顺差170. 97 亿美元①。以上数据显示，体育用品业虽然在进出口总额上出现下降，但体育用品业的增加值规模近400 亿元，体现出我国体育用品业的规模仍在持续扩大，保持了增长态势。

截至2016 年8 月，中国体育用品产业无论是在总体产值上还是在销售额上较2015 年都有所增长。无论是体育用品市场的企业规模，还是出口规模都保持了良好的发展态势。其中，企业规模较2015 年进一步扩大，企业数量增加至2620 家，出口规模较2015 年同期虽有所下降，但截至2016 年8 月已达到出口值为612. 88 亿美元的较高水平。总的来说，2016 年中国体育用品产业整体上表现出良好的规模水平。

1. 经营现状

2015 年1 月至12 月，我国体育用品行业的主营业务收入为1393. 1 亿元，累计同比增长7. 0%；利润总额为81. 5 亿元，累计同比增长14. 8%；税金总额为49. 5 亿元，累计同比增长15. 4%②；

① 中国体育用品联合会：《迎接“新国货”时代——2016 中国体育用品业高峰论坛年度峰会侧记》，http：//www. csgf. org. cn/xhzx/xhxw/1479. html，2016 年4 月22 日。

② 中国产业信息：《2015 年我国文教办公用品行业主营业务收入970. 8 亿元》，http：//www. chyxx. com/news/2016/0311/394119. html，2016 年3 月11 日。

2016 年 1～2 月，我国体育用品行业的主营业务收入为 197.9 亿元，同比增长 3.6%；利润总额为 11.9 亿元，同比增长 15.5%；行业产销率达到 99%，同比增长 0.1%①。

在 2015 年体育用品业的各行业销售收入中（见表 3），训练健身器材行业的销售收入最高，达到 335.39 亿元，销售收入最低的为个人运动防护用品行业，为 133.03 亿元；在增长率方面，除球类产品制造行业出现负增长外，其余行业均实现增长，其中增速最快的为上市公司的运动鞋服销售收入，同比增长 15.35%，其次为户外用品市场行业，同比增长 11.25%。

表 3　2015 年体育用品业各分行业销售收入情况

行业门类	销售收入(亿元)	同比增长(%)
运动鞋服行业(上市公司)	152.88	15.35
球类产品制造行业	168.75	-3.21
训练健身器材行业	335.39	3.41
个人运动防护用品行业	133.03	2.55
户外用品市场行业	200.80	11.25

资料来源：中国体育用品联合会官方网站，http：//www.csgf.org.cn/xhzx/xhxw/1479.html。

2. 企业数量

2016 年，在政策红利的刺激和“十三五”规划的大背景下，作为我国体育产业的优势业态，体育用品行业呈现继续稳步增长的态势。其中，体育用品企业数量的增长成为有力的表现。根据中国

① 体财网：《2016 体育用品行业分析报告》，http：//news.tiyuqicai.com/show-3826.html，2016 年 4 月 18 日。

体育用品网的统计，2015 年全国体育用品企业数量较 2014 年增加了 31 家，达到 2616 家，而 2016 年体育用品企业数量继续增加，截至2016 年8 月，企业数量为2620 家，较2015 年增加了4 家，增速为0.15%。这说明全国体育用品市场依然保持了良好的发展态势，体育用品产业仍是投资的优选产业。

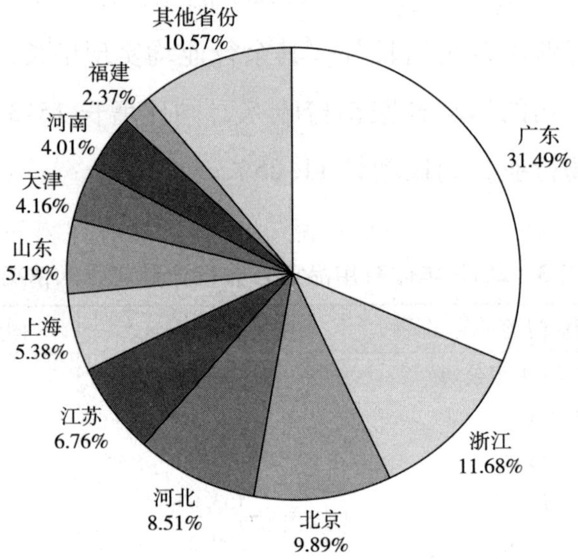

图2　全国各省市体育用品企业数量规模（截至 2016 年 10 月）

资料来源：http：//www. toioo. com/company/。

3. 从业人员规模

作为制造业的具体业态之一，体育用品产业的发展也受从业人员规模的制约，同时，从业人员规模也在某种程度上反映了体育用品产业的发展状况。以我国主要体育用品品牌企业为例：截至 2016 年 6 月，361°员工总数为 11072 人，较 2015 年同期增长了 4.8%；2015 年，安踏公司员工约 16700 人，较 2014 年的 14300 人增加了约16.8%。同时，在现有的14个国家体育产业示范基地（截至2015年11月）中有3个体育用品制造类基地，在员工规模上，晋江国家体育产业基地达到了32.55万人，乐陵和荆门高新区均达到1.85万人。由此可见，我国体育用品市场从业人员规模较大，一定程度上反映出我国体育用品业良好的发展态势。

三 中国体育用品业市场格局分析

2008年以来，受到世界金融危机的影响，原材料价格波动，人民币汇率走高，各大运动品牌的业绩都受到了不同程度的影响，行业整体增速明显放缓，甚至部分企业的业绩出现了断崖式的下滑。在如此困难的局面下，企业间的竞争加剧，特别是中小企业的生存空间不断被压缩，但这也促使我国体育用品企业逐步开始转型与升级。

从目前来看，随着企业越来越多地同互联网与体育产业结合，体育用品企业的发展进入了一个新的格局。不同企业在各自优势的细分市场方面不断发力，确立与突出了自身品牌特色，在竞争中不断完善自身不足，品牌的特色优势逐渐清晰，这也促进了我国体育用品行业整体实力的增强。具体到上述企业，安踏已经逐渐确立了自己在国内品牌中的领先地位，营收和盈利能力不断增强，保持了持续高增长的态势，处于一枝独秀的状态；与此同时，特步、361°、匹克等国内一线品牌也保持了增长的势头，处于稳定发展的阶段；而李宁受到前几年错误战略导致巨亏的影响，虽然近两年营收不断提高，但盈利水平偏低，因此如果想要恢复到以往国内第一运动品牌的地位，仍然还有很长的路要走，亟待重新构建起品牌的形象。

在国内体育用品品牌激烈竞争的同时，耐克、阿迪达斯等国际品牌继续一直以来在中国的强势表现，业绩持续保持高增长，在此背景下，我国体育用品企业虽然逐渐摆脱了前几年的低迷，业绩不断攀升，但同这些国际大牌的大跨步增长相比，事实上差距被进一步拉大了。因此，国际品牌在中国市场的扩张导致市场份额进一步被瓜分，中低端体育用品市场的竞争将会变得愈加激烈，甚至残酷，国内品牌的转型发展将面临更大的挑战，而对于缺乏特色产品的品牌来说，其生存环境会变得更加恶劣。

（一）运动器材

近年来我国运动器材销售收入呈现逐年增长的态势，截至2015年底销售额高达350.2亿元。2015年处于亚健康状态的人群占75%，人数超过7亿，经常进行体育锻炼的近5亿人，为运动器材的需求奠定了良好的基础①。

全民健身上升为国家战略对运动器材的政府采购市场、学校市场和企事业单位市场的发展产生了重要的推动作用。而随着健身意识的普及，家用市场和健身俱乐部市场对运动器材的需求也日益增加。近年来，健身俱乐部的数量和注册会员的人数呈现稳定增长的态势，2015年健身俱乐部的数量达到4425家，同比增长20.8%；

① 资料来源：《山东省体育健身器材行业“十三五”发展规划》。

健身俱乐部的注册会员人数达到663.38万人，同比增长21.3%[①]。由于运动器材的巨大需求，厂商的订单数量日益增加，很多国内的运动器材厂商由OEM运作模式转成内销。

目前，国内市场上的供应厂商竞争愈加激烈。2015年的体育用品博览会健身展区共有1375个商家参展，展会面积较上年增加近1万平方米，展会规模近60%的增长来自运动器材方面。近几年，运动器材展会的集群效应也越来越明显。山东省作为全国运动器材生产大省，各运动器材企业在2015年底累计实现主营业务收入、利润、利税、出口分别同比增长12.76%、13.04%、10.38%和17.44%。

在市场格局方面，我国规模以上运动器材制造商约有200多家，国内的高端运动器材市场主要被欧美国际知名品牌占据[②]。英派斯、乔山、舒华、泰山、澳瑞特、万年青等国内知名品牌占据中端市场，其中英派斯在俱乐部等商用市场的占额较大，乔山在酒店等高档会所的占额较大，舒华在家用市场和政府采购市场的占额较大。泰山体育把传统运动场地工程类业务向整体智能化方向发展，截至2015年6月30日，公司利润同比增长43.85%，存货周转率低至1.99%，增加了在目标市场的销售，减少了库存的压力[③]。而生产运动器材的中小企业的生产模式依旧较为低级，同种类别运动器材的生产往往来源于一个集散地，相对于较为高端的品牌来说，中小企业产品的差异化和科技含量都较低。

---

① 资料来源：http：//mt. sohu. com/20161012/n470027285. shtml。

② 资料来源：http：//sportshow. com. cn/tbzx/jsqc/wd/2629. html。

③ 资料来源：http：//stockpage. 10jqka. com. cn/837739/operate/。

随着室外运动器材市场的发展趋于平稳，室内运动器材市场的发展增速逐渐加快，对于智能化和人性化的要求也随之提高，产生了一批与线上 App 结合的智能器材，逐步形成了一种智能化趋势。在细分市场中，跑步机与康复器械的销量呈现增长的趋势，运动康复的普及也将进一步提升大众对康复器械的需求。随着互联网的加速发展，对于运动器材的过分包装造成消费者对于产品的不信任感增强，消费者更加重视线下的实体店体验。O2O 的销售模式不仅增加了消费者的体验感，还削减了其对价格的敏感度，拓宽了销售渠道。传统的单纯线下或是线上的销售已不能满足消费者的需求。

（二）户外用品

大众健康意识的提高、旅游观念的改变、消费能力的增强为我国户外用品行业的发展提供了契机。从 2009 年到 2015 年，我国户外用品行业的发展有了质的飞越，尤其是从 2009 年到 2011 年增速最快，虽然从 2012 年到 2015 年增速有所放缓，但零售总额依旧保持上升趋势（见图 3）。

在品牌方面，2015 年，国内户外用品市场拥有 400 余个专业户外品牌，其中本土品牌约占其中的三成，新增品牌 50 余个，其中近 80% 是线上品牌。目前，市场上已有 100 多个线上品牌，是网络销售增长的主力军①。在销售渠道方面，我国户外产品销售渠道已经从街边店面扩充到商场和线上销售，并新增了大量街边和商

① COA：《2015 年度户外用品市场报告》，http：//sanwen8. cn/p/2902zrc. html。

场体验店，专业户外店稳中有升，较上年同期增长 51 家，增长至 2216 家①。

虽然继续保持了增长，但对于户外行业的多数从业者和企业来说，2015 年是比较艰难的一年。户外用品行业作为新兴朝阳产业，在高速发展之后，正迎来“调整期”。中国产业信息研究网发布的《2016～2020 年中国户外用品行业投资价值分析及发展趋势预测报告》数据显示，近五年来的户外用品整体市场规模的增长呈现放缓趋势，户外用品市场零售增长率已连续三年低于 30%，这和前几年动辄 30%，甚至 50% 的增长速度不可同日而语。同时，户外用品市场百货商场店数量首次出现下降，较上年同期减少 421 家，下降至 7451 家，电商商家数量的增速也在放缓，仅增长 15 家，且商场店零售总额首次出现负增长，下降 3.61%，至 112.3 亿元。

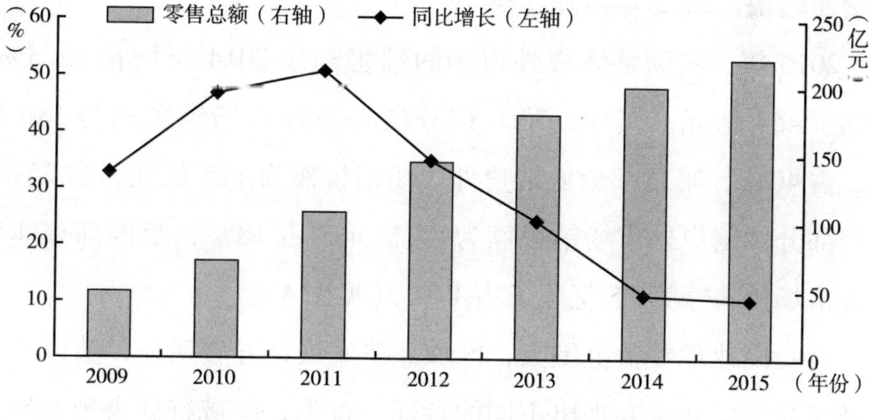

图 3　2009～2015 年我国户外用品零售总额

① 《户外用品如此撩人，454 亿元市场蛋糕如今是美味也是压力》，http：//www.aiweibang.com/yuedu/128634064.html。

户外用品行业的发展除了不断有新品牌、新产品、新技术的注入外，在某种程度上，行业的界限也越来越模糊。根据产品与户外运动的密切程度高低，可将我国户外用品市场分成四个部分：第一部分是核心户外市场，由专业户外品牌构成，这些公司和品牌的主要收入和公司业绩都来源于户外产业；第二部分是低端户外市场，这部分主要指低端消费市场品牌里拥有的户外产品，如沃尔玛及麦德龙等超市销售的部分户外产品，迪卡侬旗下的 Quechua 等；第三部分是休闲户外市场，这部分公司主要经营时尚和休闲产品，但也把户外产品与时尚和休闲相结合作为它们的品牌之一，但还未成为主线品牌，如 LOTTO、ACTIVE、NORTHLAND 等；第四部分是体育户外市场，主要由拥有户外产品的体育品牌构成，如阿迪达斯、耐克、李宁、安踏、乔丹等，它们的传统品牌和主力业绩主要为体育产品，但同时也将户外产品作为它们的品牌之一，这一市场的整体增速较快，2015 年占比达到 16.7%。

2015 年，我国整体户外市场的销售额较 2014 年增长 12.5%，达到了 454 亿元，其中，第一部分核心户外市场销售额为 180 亿元，占 40%，第二部分低端户外市场销售额为 115 亿元，占 25%，第三部分休闲户外市场销售额为 84 亿元，占 18%，第四部分体育户外市场销售额为 75 亿元，占 17%（见图 4）。

因我国地理覆盖范围大，区域经济发展差异较明显，所以我国户外用品的发展也表现出不同的特征：首先，区域特征表现为经济发达和户外资源丰富地区的销售额远高于经济发展相对落后且户外资源贫乏的地区，因户外用品特有的保暖功能和防风功能，北方相对寒冷地区对户外用品的需求量和消费量都高于南方地区，北方户

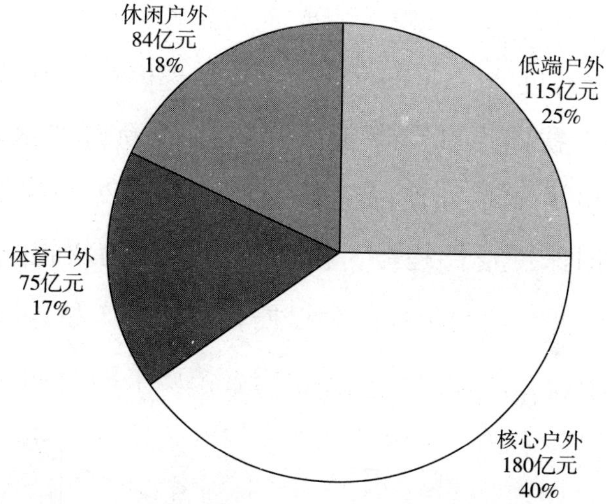

图4　2015年我国户外用品市场销售额划分

外用品多以保暖防风为主，南方户外用品则以防晒防雨为主；其次，季节性特征表现在，由于天气原因，春夏出行的人员较多，所以相对的销售额也较高，但春夏产品价格低，所以销售额低，秋冬季节出行人员较少，销售数量相对也较低，但销售额却高出很多，原因在于秋冬季节的户外用品价格相对较高；最后，户外用品消费群体多崇尚健康运动，希望亲近接近大自然，生活态度积极，且文化教育和消费水平都相对较高，包括新闻从业者、企业管理人员、公司白领、地质气象工作者、科考人员以及体育教师等，其他从事户外运动的人员也较多，但消费能力相对较低。

综上所述，虽然这几年我国户外用品发展较快，但与发达国家相比还是存在较大差距，但这也从侧面说明了我国户外用品的发展潜力较大，市场较宽广，户外用品的发展面临着巨大的可能性和不确定性。如何抓住机遇、规避风险、抢占先机既是对户外领域投资人的挑战，也是实现企业快速发展的良机。

（三）运动鞋服

2015 年，我国运动鞋服业发展新增了新鲜血液，多个运动品牌相继推出足球系列产品。从整体上看，2015 年我国运动鞋服的发展依旧保持增长趋势，但增长速度较为缓慢，具体如图 5 所示。

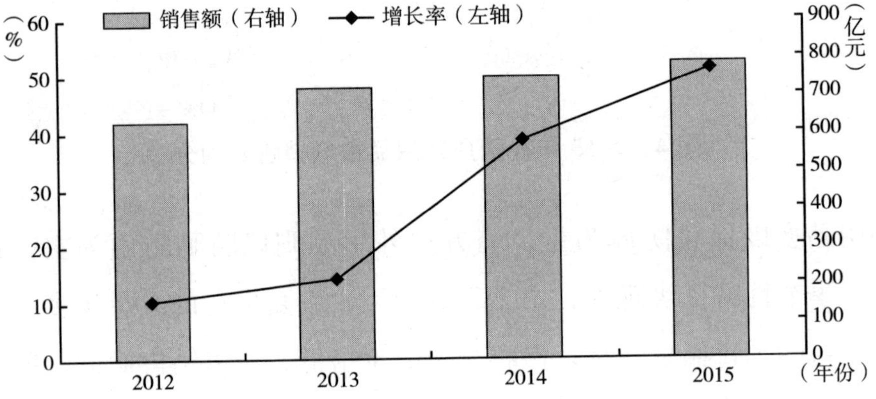

图 5　2012～2015 年我国运动鞋服增长率和销售额

一方面，高端奢侈品牌开始涉足运动鞋服的生产。如迪奥、香奈儿都先后推出运动外套和运动鞋。另一方面，传统国外运动品牌开始增加在中国的门店和销售产品数量。据阿迪达斯年报数据显示，2015 年，阿迪达斯在大中华区销售额达到了惊人的 176.5 亿元，相对 2014 年增长 17.7%①，这个增长额甚至超过了全球 10% 的平均水平。这不仅说明传统大牌企业的生产、营销能力、竞争能

① 《阿迪达斯大中华区销售额 177 亿 五年内新开 3000 家门店》，http：//cq. winshang. com/news－566589. html。

力和市场占有率较强，也从侧面说明我国运动鞋服的发展潜力巨大。在此状况下，我国本土运动鞋服品牌将面临双重夹击，急需更有价值的设计和包装、更创新的销售理念来突破困境。

虽然竞争对手众多，生存压力也大，但 2015 年，国内五大运动品牌——安踏、李宁、匹克、361°和特步销售总额仍保持较快增长的趋势。2015 年，国内五大本土品牌的销售总额达 318 亿元，平均毛利率达 43%①，其中最突出的为安踏和李宁。

2015 年安踏将重心发展投入到跑步行业，以期为广大跑步者提供更加专业、齐全的运动设备，并签约了中国马拉松名将陈盆滨，开展了为期 100 天的极限跑步挑战。这不仅打出了安踏在国内跑步行业的名气，还吸引了大量消费者关注安踏所出的跑步系列鞋服，在一定程度上促进了安踏 2015 年销售额的增长。2015 年，安踏实现销售总额 111.26 亿元，增长率达 24.7%②，其中运动鞋类占销售总额的47%，服装占48%，配饰占5%。由上述数据可以看出，本土运动品牌销售的主打产品还是多为运动鞋服，配饰和其他产品所占比例较小。

2015 年，李宁面对高管离职和公司亏损的双重夹击，开始从事智能设备的研发，并在秋冬发布会上推出首款智能羽毛球鞋，仅几个月的时间，此款运动鞋的销售量就突破了 10 万双。在一系列积极的转变后，李宁在 2015 年转变局势，收入达 70.89 亿元，实

① 《从五大国产体育品牌 2015 年财报看出这样的端倪》，http://mt.sohu.com/20160517/n449932139.shtml。

② 《李宁 2015 年扭亏为盈收入 70.89 亿毛利近 32 亿》，http://bj.house.163.com/16/0317/10/BIBR6S3700073SD3.html。

现扭亏为盈。除此之外，特步、匹克、361°及贵人鸟等国内本土运动品牌在2015年都有不同的选择和转变。361°签约国足前锋杨旭并推出足球系列产品，贵人鸟则以400万欧元入股西班牙BOY足球经纪公司①。

未来，随着我国足球领域的深化改革以及人们体育消费能力的增强，我国运动鞋服行业必然也将面临一些改变。首先，在大环境下，未来两三年我国运动鞋服会一直保持回暖趋势。尤其是对于本土运动品牌而言，如何抓住政策契机，提升自身的营业能力、研发能力，创造出更有价值的产品和设计包装是企业能否抓住机遇，扎根立足的关键。其次，虽然足球深改已经上升到一定的高度，大部分运动品牌也开始将业务延伸至足球鞋服行业，但切记不可盲从。未来足球行业的发展状况究竟会怎么样，谁也无法准确预判，但若企业都将精力集中于足球鞋服行业，那么可能会出现足球市场供过于求，市场过剩的情况，所以各企业面对足球改革这个机遇和挑战，还是要根据自身产品的特点和经营能力来决定是否涉足足球领域和涉足范围的大小；最后，在“互联网+”的趋势下，运动鞋服与智能设备相结合，增加线下体验店也将是未来的发展趋势之一。未来线下店将不仅是销售运动鞋服的一个简单门面，而是一个将运动鞋服和智能设备相结合，创造可聊天、看书、听音乐、社交、体验各类运动项目以及各类运动鞋服的综合性服务平台。

---

① 《未来十年中国体育用品业前景巨大》，http：//mp. weixin. qq. com/s? _ _ biz = MjM5NTU2NzAxNQ = = &mid = 401477004&idx = 1&sn = 5efd670d。

（四）可穿戴设备

从2012年至今，智能可穿戴设备发展迅猛，无论是产品的形态、功能，还是配套设施的发展及其市场交易额，都有了前所未有的发展，我国智能可穿戴设备2012年以70%的增长率增长，2013年增长率达到了80%，2014年为144%，2015年更是实现了惊人的471.8%的增长率，销售额达到125.6亿元①，具体如图6所示。

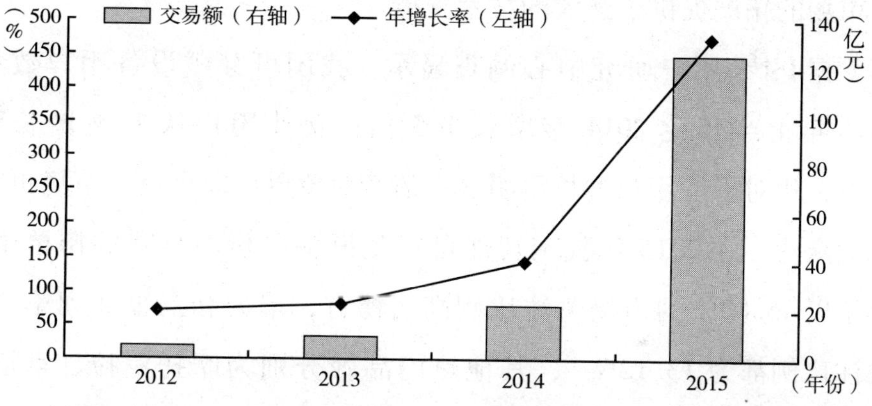

图6　2012～2016年中国智能可穿戴设备市场交易规模状况

可穿戴设备在我国近几年能有如此迅猛发展速度的原因除了人们健康理念的转变、购买能力的提升、互联网的普及以及人们对电子产品的消费意愿增加外，还离不开我国的政治环境、经济环境、社会环境和技术环境的支持。首先，在宏观环境上，发改委将可穿戴设备列入“支持重点”，这在宏观上刺激促进了各企业对可穿戴设备的技术和资金投入；其次，在经济环境上，财政部政策鼓励支

① 中商情报网：http：//www.askci.com/news/chanye/2015/12/24/16642quec.shtml。

持中小技术型企业发展，可穿戴设备方面除了苹果、三星等大品牌涉及外，其他产品基本为中小型可穿戴设备产商研发，有了政策上的支持，中小型企业更愿意将资金和技术投资在可穿戴设备上；再次，在社会环境上，随着我国社会老龄化的严重，慢性病的增加，中老年人逐渐加入了可穿戴设备的购买行列，人们健康支出的增加也是人们购买可穿戴设备的重要驱动力；最后，屏幕技术的改善，可穿戴设备生态系统的搭建以及电池续航能力的提高都为可穿戴设备市场的拓展提供了强大的技术支持。

据 ISUX 用户研究中心调查显示，我国可穿戴设备用户数量 2015 年上半年比 2014 年增长 1.5 倍；女性用户从 15% 增长到 27%，相对男性用户增长更明显；消费对象更面向大众，市场也趋于大众化。在 2015 年我国智能可穿戴设备最热门品牌的榜单中，苹果以 45.88% 的市场关注比例高居榜首，华为和三星并列第二，关注比例都为 13.12%[①]，其他热门品牌分别为摩托罗拉、索尼、乐心和 Fitbit 等。

2015 年，我国消费者对 3000 元以上的智能可穿戴产品关注度持续下降，而对 1000 ~ 2999 元价格区间内的产品关注度相对较高；智能手表的价格基本在 2000 ~ 2999 元，智能手环的价格则基本在 300 ~ 999 元。据 ISUX 用户研究中心调查显示，2014 年 11 月至 2015 年 11 月，我国销售的智能可穿戴设备产品基本为智能手表、智能手环和运动相机。其中，发展最快、销售额最高的当属智能手

① 《2016 年智能可穿戴市场分析研究报告》，http://mt.sohu.com/20160318/n440887650.shtml。

环，智能手环不仅可以记录人的睡眠时间、锻炼时间、频率和心率等实时数据，同时还可以和手机、平板、蓝牙相连接，从而为健康生活提供更多的数据参考。由于智能手环的功能齐全，携带方便，价格也基本控制在300元左右，所以备受广大消费者青睐，2015年，我国市面上所销售的智能手环种类达744款，销售额达到0.84亿元①。

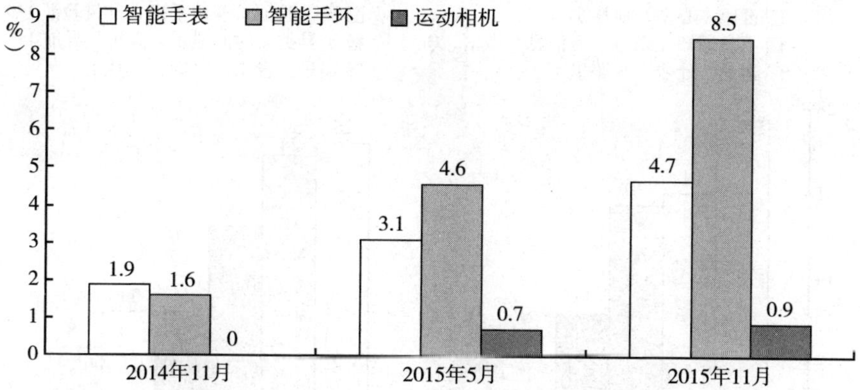

图7　2015年我国智能可穿戴设备销售产品分类

我国智能可穿戴设备虽然发展趋势良好，但同时也存在问题。首先，消费者对产品的要求和期待越来越高，对可穿戴设备的外形、功能、佩戴舒适度、使用便捷性和电池续航能力等要求越来越高。据ISUX用户研究中心调查显示，61%的用户认为我国智能可穿戴设备流失率高的原因主要在于功能太少，产品缺少实用性；超过60%的用户希望智能可穿戴设备能够做到外表时尚大方；超过

① 《2015年10月中国智能手环市场分析报告》，http：//zdc. zol. com. cn/551/5516073. html。

40%的用户希望产品可不依赖其他设备单独使用；在用户希望产品应有的功能中，健康所占比例最高，其次是身份验证，再次是消息通知，最后是工具类、运动类和娱乐类，具体如图8所示。智能可穿戴设备是一个新兴产业，不同的品牌都会想要加入，但这也造成了市场品牌过杂、同质产品过多等情况，如何在众多品牌和众多产品中脱颖而出是每个智能可穿戴设备产商需要深思熟虑的问题。

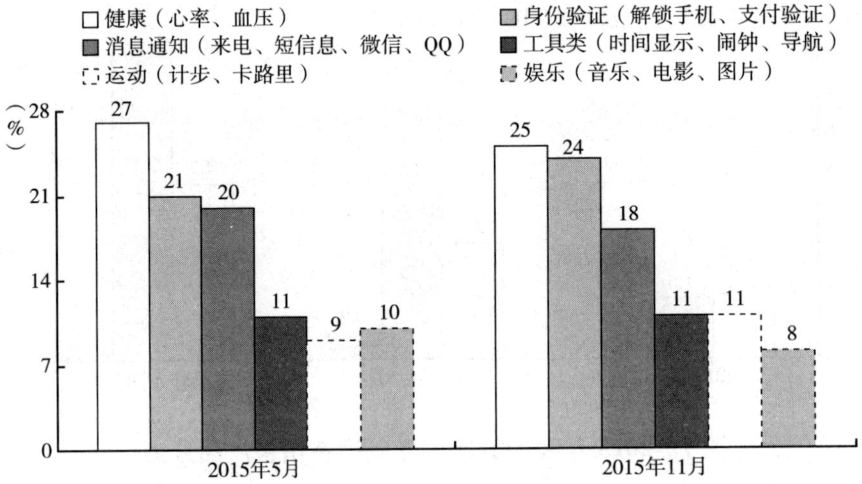

图8　用户最期待的可穿戴设备功能

四　我国体育用品业标准化一般环境及战略分析

（一）我国体育用品业标准化一般环境分析

在经济飞速发展的时代，标准化对我国的经济发展起着至关重要的作用。标准的颁布与实施是督促企业技术革新的有力工具，是各行各业有序竞争的基础环境保障。标准化在保障产品质量安全、促进产业转型升级和经济提质增效、服务外交外贸等方面起着越来越重要的作用。据统计，截至2015年3月，国家标准、行业标准和地方标准总数达到10万项，覆盖第一、第二、第三产业和社会事业各领域的标准体系基本形成。随着标准化的相关政策出台，体育用品业标准化建设工作的政策、经济、技术、社会环境都发生了可喜的变化，这对我国体育用品业进行标准化建设提供了可靠的发展支撑。

1. 政策环境

（1）国家标准化政策

党的十八届三中全会以来，为了响应进行全面深化改革的号召，我国标准化领域也进入全面深化改革阶段，陆续出台了许多关于深化标准化工作改革、加强技术标准体系建设的相关文件。

2015年3月国务院印发《深化标准化工作改革方案的通知》，强调了我国标准化工作改革的必要性和迫切性，并提出了目前我国标准化进程中存在的标准缺失老化、交叉重叠、体系不够合理、协调推进机制不完善等问题。

2015年12月国务院印发的《国家标准化体系建设发展规划（2016～2020年）》中提出了六大主要任务，分别为：优化标准体系、推动标准实施、强化标准监督、提升标准化服务能力、加强国际标准化工作、夯实标准化工作基础。

随后，2016年9月6日国务院针对消费品标准和质量提升领域进一步印发了《消费品标准和质量提升规划（2016～2020年）》，对体育用品行业提出的要求是：加快全民健身器材、冬季运动器材、户外休闲运动（水上、登山、钓具和自行车等）器材、民族传统运动器材及防护装备等标准的制定，加强体育用品新材料、新技术的研发和应用。

（2）产业政策

标准化是优化产业环境的重要抓手，是促进产业发展的基础工作。自国务院《关于加快发展体育产业促进体育消费的若干意见》发布以来，体育产业相关政策呈井喷式增长，政策红利刺激着体育产业发展。标准化工作在各政策中都有所展现，充分表明了体育产业各部门对标准化工作的重视。国务院《关于加快发展体育产业促进体育消费的若干意见》在提出的“产业环境明显优化”这一目标中明确要求，到2025年体制机制充满活力，政策法规体系更加健全，标准体系科学完善，监管机制规范高效，市场主体诚信自律。2016年5月5日发布的《体育发展“十三五”规划》和2016年7月3日国家体育总局印发的《体育产业发展“十三五”规划》中都明确提出了完善体育标准体系，提高体育标准化水平，实施体育产业标准化建设工程，制定体育服务规范和质量标准，提高设施建设、服务提供、技能培训、人员资质、活动管理、器材装备等方面标准化水平，推动建立公平开放透明的体育市场规则的优化市场环境等要求。

据统计，2015年北京、江苏、浙江、安徽、江西、重庆6地已开展体育标准化工作；河北、内蒙古、辽宁、福建、新疆5个省区正在筹备此项工作；而天津、山西、黑龙江、上海、山东、河南、湖北等17地计划开展体育标准化工作；吉林、湖南、海南3省暂无此项工作计划。

体育用品产业发展较好的地区，还推出了关于鼓励体育用品企业进行标准化工作的详细政策。例如，拥有以体育用品制造为主要业态的晋江国家体育产业基地的福建省，其人民政府发布的《关于加快体育产业发展、促进体育消费十条措施的通知》中，就明确指出：鼓励体育企业或园区组建区域性综合检验检测机构，对认定为国家级产品质量检测中心的，省级财政给予补助1000万元。

2. 经济环境

（1）“中国制造2025”国家战略

改革开放以来，我国经济实现了突飞猛进的增长，已进入经济增长新常态阶段。我国制造业也持续快速发展，建成了门类齐全、独立完整的产业体系。但是，与世界先进水平相比，中国制造业仍然大而不强，在自主创新能力、资源利用效率、产业结构水平、信息化程度、质量效益等方面差距明显，转型升级和跨越发展的任务紧迫而艰巨。自2014年12月，“中国制造2025”概念被首次提出以来，制造业升级成为国家关注的重点问题之一。2015年5月8日，国务院印发《中国制造2025》，实施制造强国战略。

（2）体育用品业整体回暖

2011年开始，由于成本、库存规模等问题，体育用品各上市公司财务业绩疲弱。在经历了一系列的业绩衰退、库存危机和大规模关店的低谷之后，终于于2014年开始复苏回暖，中国体育用品业又进入了新的发展阶段。在产业的改革升级进程中，标准化工作的开展是不可或缺的。

3. 技术环境

（1）我国体育用品质量检测机构的发展

a）我国体育用品质量检测与认证机构逐渐增多，但仍显不足目前，我国拥有4家国家级体育用品质量监督检验中心和一家体育用品质量检验公司。国家体育用品质量监督检验中心挂靠于河北省产品质量监督检验院，于1991年成立，是经国家体育总局认定的国家级体育用品质量检验机构。国家运动健身产品质量监督检验中心是国家质量监督检验检疫总局于2012年12月批准筹建的首家国家级的运动健身产品质检中心。该中心隶属于天津市产品质量监督检测技术研究院（TQT），按照相关法律法规，承担运动健身产品的质量监督检验和委托检验工作，承担和参与运动健身领域标准的制定修订和有关标准的试验验证工作，开发研究新的检测技术、方法和仪器设备，组织开展相关的活动。国家体育用品质量监督检验中心（深圳）是2010年经国家质检局批准在深圳市计量质量检测研究院的基础上筹建的。现已开展体育用品（球类、球拍、健身与体操器械、体育场馆、瓷砖地板、LED灯具等）产品质量检测。

北京国体世纪体育用品质量认证中心有限公司（中文简称为国体认证，英文缩写为NSCC）是经国家认证认可监督管理委员会批准，由国家体育总局相关部门共同出资组建的具有独立的法人地位，具体实施体育用品和器材认证的第三方认证机构。

2016年6月，国家质检总局下文批复，同意在山东省产品质量检验研究院的基础上，按照B级国家质检中心标准，筹建国家体育用品质量监督检验中心（山东）。这是继隶属于河北省质检院之后又一个国家体育用品质检中心。

b）质检机构向专业领域深耕，提供更细致的专业技术保障

2016年6月，河北省质检院在国家体育用品质检中心成立了

冰雪项目实验室，为冰雪项目产品质量进行检验检测把关。该实验室目前可对冰雪项目用品冰球、冰刀鞋、花样冰刀鞋进行产品质量的检验。该中心还将继续积极与体育管理部门加强对接，了解全省冰雪项目产品质量检验需求和方向，在开展好冰刀鞋检验工作的同时，计划增加包括滑雪板、滑雪手杖、滑雪头盔等产品质量检验项目，并着眼冰雪项目发展趋势，发挥国家体育用品质量监督检验中心的作用，起草一批国家标准，使冰雪项目产品提升质量安全保障有据可依，也为2022年的北京－张家口冬奥会提供保障服务。

（2）“互联网＋”时代的变革

“互联网＋”对体育用品业的影响集中在销售业态线上与线下的结合、智能可穿戴设备、物联网与智能系统等多个领域。“互联网＋”技术对体育用品业的改革升级产生了深远的影响。技术的革新速度之快，导致在体育用品与互联网产业业态融合发展迅猛的今天，以智能硬件为代表的创新型产品不断涌入市场，在国内外目前均未形成功能指导性强的标准的情况下，我们的政府部门、行业协会和领头企业如能尽快制定并出台标准，将有助于国产品牌在新一轮国际竞争中抢占先机，助推“中国制造”走向世界①。

（3）标准化成为国际贸易市场的软性贸易壁垒

技术落后，导致我国在国际贸易市场相关产业领域话语权不足，往往会遭遇技术贸易壁垒。多年来，我国的很多体育用品企业常常遭遇ISO系列标准带来的软性贸易壁垒，但我国体育用品企业

---

① 新华社：《中国体育用品标准化调查》，http：//news. xinhuanet. com/sports/2016－09/22/c_ 1119606714. htm。

仍未能正确认识标准化在企业发展战略中的重要地位，整个行业环保标准、社会责任标准、质量标准都处于极低的水平。

可喜的是，我国体育用品业龙头企业逐渐认识到标准化对于产业的重要意义，积极参与到国家标准的制定中。例如，泰山体育产业集团有限公司先后主导制定《体操垫》《自由体操场地》《助跳板》等国家标准。

（4）标准制定机构杂而少，很多领域依旧处于无标准状态

我国体育用品业的很多领域并没有通用的相关技术标准，导致了生产中无标准可依。体育用品业与纺织、化工、电器等产业重合，导致标准的制定无主管部门。很多体育用品只能根据电器、纺织等标准进行生产，无法全面考虑其他体育类功能性的要求，使得产品在市场无竞争力。甚至还出现了由于无标准可依，进而恶性竞争，出现产品质量问题的现象，2016 年备受关注的“毒跑道”事件就是最好的佐证。

4. 社会环境

我国已是名副其实的竞技体育大国，但是竞技体育的成就毕竟不能代替全民体育的参与水平。中国是世界上国民肥胖率、心血管疾病发病率、国民亚健康率排名靠前的国家。多次全国调查显示中国青少年体质一降再降，肥胖率和近视率屡屡攀升，同时，癌症年轻化的趋势令人胆战心惊。

当前《全民健身计划》开展得火热，我国国民健身意识加强，科学健身的理念深入人心。马拉松等大众赛事的开展，导致科技含量高的体育用品需求不断增加。在此背景下，提高体育用品业标准化水平，维持体育用品业的市场秩序，加大产品科学创新力度，创

新高科技产品，保证产品质量对于我国体育用品业企业来说尤为重要。

（二）我国体育用品业标准化战略

标准化的相关政策出台，使得体育用品业标准化建设工作的政治、经济、技术、社会环境都发生了可喜的变化，这为我国体育用品业进行标准化建设提供了可靠的发展支撑。但我国体育用品业依旧处于标准化滞后于经济发展的现状，急需根据我国体育用品业的标准化一般环境的变化，遵循产业发展规律制定体育用品业标准化战略。

1. 不断丰富体育用品业标准化相关政策体系，保证政策红利持续释放

产业政策是引导产业发展的重要因素之一。我国的体育用品业标准化工作仍处于起步阶段，还需要国家及主管部门根据市场发展规律，研究出相应的配套政策的指导。同时，在发展薄弱环节提供必要的支持，给予一定的优惠政策来优化发展环境，保证我国体育用品业的标准化工作有序进行。

2. 加强体育用品业质量监督单位的建设，继续完善标准化工作机制

我国目前的体育用品质量检测机构数量很少，远不能满足市场对体育用品质量检测的需求。行业协会、各主管部门、政府应加快建立体育产业标准化相关负责部门的进程，同时吸引龙头企业参与到体育用品业标准化的制定工作中来，逐渐建立起完善的体育用品的标准化工作机制。

3. 抓住机遇，夯实基础环境工作建设

如今，正值国家提出“中国制造 2025”计划，中国将逐渐实现制造强国的战略目标。筹办 2022 年北京冬奥会等国际大赛将不断提升中国体育的国际影响力，我国冰雪体育运动和冰雪产业将迎来快速发展的新时期，冰上体育用品需求日渐旺盛。同时，再加上“互联网 +”的技术创新在产业中的促进作用，体育用品业的发展将如虎添翼。在上述背景下，加快体育用品业的标准化工作等产业基础环境建设进程显得更加重要，标准化工作将为我国体育产业的发展奠定坚实的基础。

4. 加快产学研合作，制定国际认可标准，抢占市场话语权

目前，我国的体育用品很多领域仍处于无标准可依的状况，导致遭遇国家贸易软性壁垒。加快产学研合作，在各领域吸引专家与企业合作，在市场需求导向下，研制出与国际标准接轨的标准，在保障我国体育用品市场秩序的同时，增强国际贸易市场话语权。

在一些高新技术发展较快，例如智能可穿戴设备等国内外皆未形成指导性强的标准的领域，抢占先机，填补智能可穿戴设备等高新技术领域标准化的空白，助推“中国制造”走向世界。

五　中国体育用品业——商业模式创新

体育产业作为绿色产业和朝阳产业，被众多省市视为实现经济结构转型升级、增加本地区第三产业比重的重要抓手。而 2014 年国务院 46 号文的颁布，更是将体育产业推向了一个新的高度。

得益于“需求增长 + 政策助力”，近年来，体育产业各项指标增长显著。以 2013 年为例，2013 年体育产业增加值达 3564 亿元，占当年 GDP 的0.63%，比2012 年增长10.8%，明显高于同期 GDP 增长的速度。

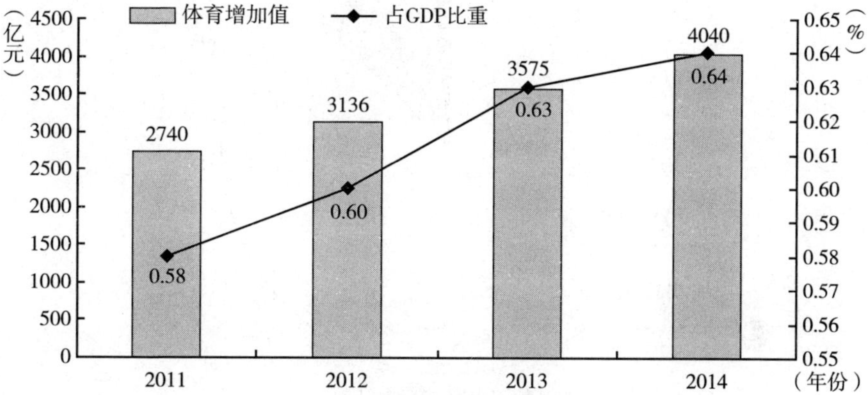

图9　2010～2014 年中国体育产业增加值

资料来源：http：//mt. sohu. com/20160704/n457709786. shtml。

从宏观数据来看，虽然体育产业对国民经济的贡献与日俱增，但我国体育产业结构分布不甚合理，体育服务业占比较小的问题仍然十分突出。通过中美体育产业结构的对比发现，我国赛事服务及健身服务等核心产业的市场化程度过低，仅占体育总产值的21%，远低于美国同期水平（58%），体育产业结构的发展极不均衡（见图10）。

从2011 年开始，席卷各大体育用品品牌的去库存和关店潮正是体育用品业供给端极度扩张（生产、门店）、产品同质化严重等问题带来的后果，自此，中国运动鞋服市场开始步入调整期。大部分体育用品企业意识到目前我国体育产业结构的缺陷以及体育用品业“人满为患”的现实，开始尝试打破原有“壁垒”——逐渐缩小主营业务体育鞋、服的生产与销售，扩大经

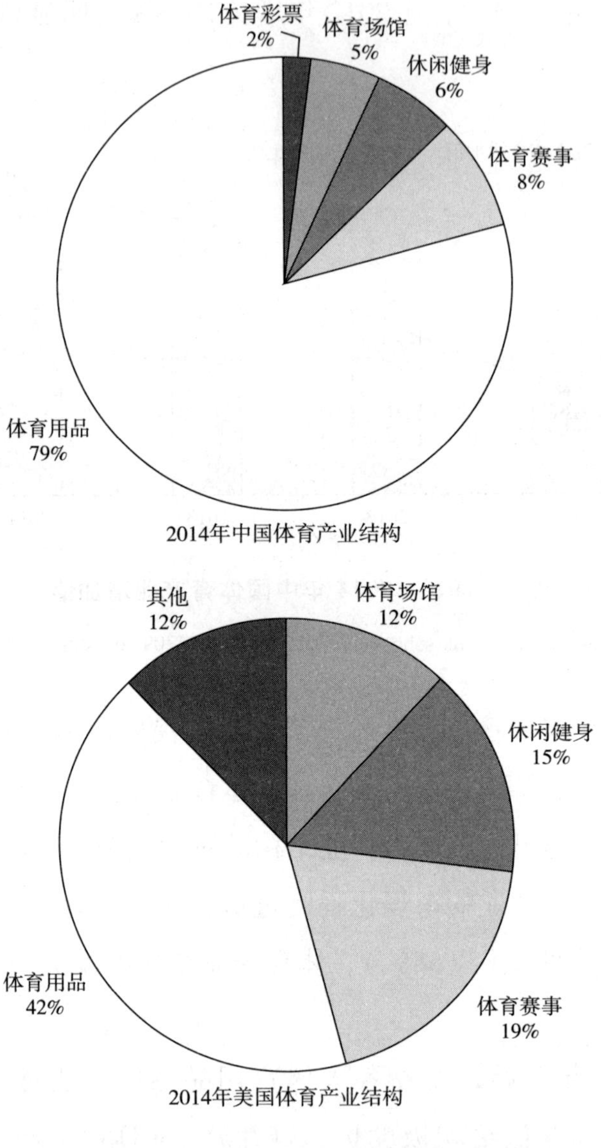

图 10　中国与美国体育产业结构对比情况

资料来源：http：//mt. sohu. com/20160704/n457709786. shtml。

营范围，涉足赛事运营、体育投资、手机游戏等多个领域，进行运营模式创新。

（一）自创赛事 IP，开拓赛事运营业务

随着生活水平的提高，人们对“内容”的需求也达到了前所未有的高度，从腾讯斥资 5 亿美元拿下 5 年 NBA 在中国的网络独播权，到体奥动力斥 80 亿元巨资拿下中超 5 年版权，这两年有太多“惊人”的案例不胜枚举。而国内的体育用品企业在赛事 IP 这条道路上进行了创新，没有与“网络巨无霸企业”硬拼成熟的赛事资源，而是另辟蹊径打造专属的赛事品牌。

三夫户外公司 2015 年开始涉足赛事运营，2015 年共举办各类赛事共 24 场，2016 年举办 37 场赛事，赛事主要包括越野跑、马拉松、徒步、酷跑、定向跑等。赛事运营业务首先为三夫户外带来了大量的线下会员，其次为当地专营店拉动了销售额，发展了公司自有赛事品牌（如公司的“量山好汉”系列），最后成功地给当地政府和居民带来可观的旅游观光收入①。

表 4　2015 年三夫体育部分赛事活动（参赛人数 1000 人以上）

序号	时间	项目名称	参赛人数
1	5 月 31 日	绍兴穿越古城路跑定向赛	1000
2	7 月 25 日	紫金山荧光跑	1850
3	9 月 12 ~ 13 日	善行者公益徒步活动	3200
4	10 月 31 日	苏州大阳山跑山赛	1000
5	11 月 21 日	上海浦东女子马拉松	5000

① 《三夫户外 2016 中报点评：赛事运营如火如荼，以赛带销值得期待》，http://finance.qq.com/a/20160829/040639.htm。

2016 年上半年，三夫户外在京沪等地组织开展各类赛事共 30 余场，总参与人数超 15000 人。在赛事资源方面，三夫户外现拥有多项中字头及国际级定向赛事独家运营 IP 资源和自主 IP 赛事资源，拥有香山超能量、量山好汉等独立 IP 赛事商标权①。

2016 年 5 月，三夫体育与阿尔山市政府签订战略合作协议，投资设立阿尔山市三夫户外运动管理有限公司②。这种与政府合作办赛的运营模式具有较强的可复制性，三夫未来将继续以区域为单位，以与政府合作为主要模式，发展区域户外生态，逐步强大自有的赛事品牌，形成民族的赛事 IP。

（二）电子竞技的新玩法——手机游戏

近两年，电子竞技市场进入快速发展期，2015 年行业规模达到 270 亿元。2016 年初，中国电子竞技品牌相继亮相，CMEG（全国移动电竞大赛）、WCA（世界电子竞技大赛）、联盟电竞和 WESG 相继推出自己的电竞赛事品牌。电子竞技市场一片红火，同时也竞争激烈，贵人鸟公司选择开辟体育类手机游戏市场，避开了大部分企业关注的传统类电子竞技区域。

2016 年 7 月，贵人鸟公司以 1 亿元增资深圳市星友科技有限公司。星友科技成立于 2016 年 5 月 10 日，以打造移动互联网体育游戏精品内容为愿景，核心人员由一支拥有多年丰富从业经验、多

① 《阿尔山人民政府、三夫户外与阿尔山矿泉达成全面战略合作》，http://sports.ifeng.com/a/20160524/48833170_0.shtml。

② 《阿尔山人民政府、三夫户外与阿尔山矿泉达成全面战略合作》，http://sports.ifeng.com/a/20160524/48833170_0.shtml。

个成功项目经历的资深研发人员构成，目前旗下已签约的明星体育手游项目有：《最佳阵容》《街球联盟》《Basketball Stars》《Pele：Soccer Legend》等①（见表5）。

表5　手机游戏项目

游戏名称	游戏介绍	运营数据
《最佳阵容》	一款体育经济创新的手机游戏	2016年1月底上线，游戏内累计充值流水超1个亿元，单月活跃用户超150万人，总注册用户超600万人
《街球联盟》	中国首款街球题材的篮球手游	
《Basketball Stars》	由美国知名体育手游开发公司Cosi Prodution Inc. 制作的精品足球手游	在海外获得一百多个国家苹果首页推荐；2016年5月在海外多个国家地区上线至今，单月活跃用户已超过200万人
《Pele：Soccer Legend》	由瑞士知名开发商Miniclip开发的一款创新性轻操作体育策略篮球手游	自2016年3月16号发布至今，全球已超过3000万用户下载

资料来源：贵人鸟公司公告。

2012年，WCG就举办过手机电子竞赛项目的比赛。2015年，“移动电竞”概念开始二度发力，卡牌刀塔传奇、MOBA乱斗西游、FPS全民突击等数十款手机对战类游戏都推出一系列针对电竞用户的宣传。随着移动设备的不断更新和传播媒介的升级迭代，手机已成为我们生活中必不可少的工具，未来的电子竞技市场很有可能顺应用户的使用习惯，从现在主流的以电脑为媒介的电子竞技比

① 贵人鸟公司公告。

赛，逐步过渡到手机电子竞技大赛。以贵人鸟为代表的企业，正走在电子竞技发展的前列。

（三）进入体育产业投资蓝海——提高联动效应

自2014年国务院46号文颁布以来，体育产业发展形势大好，各大企业纷纷将体育产业纳入公司的发展规划，大大小小的体育创业型公司依靠融资如雨后春笋般蓬勃生长。

2015年4月，贵人鸟、虎扑体育以及景林投资共同投资成立了克禧乔公司。同年四月底，贵人鸟又与克禧乔共同投资成立了上海慧动域，开拓体育产业投资版图，其中贵人鸟占合伙资本的99.9%，克禧乔占0.1%①。

上海慧动域投资先后已经完成对近30个体育项目的投资，投资范围覆盖智能硬件、健身、体育O2O、跑步和在线增值服务等热点领域，包括智慧运动场（体育场地升级解决方案）、酷玩部落（智能健身产品）、趣运动（运动O2O）、智勤教育（青少年体育教育平台）、虎扑跑步（跑步APP）、火辣健身（移动健身）等一系列“互联网+”概念的智能运动项目。关于对涉足的体育项目的甄选标准，贵人鸟有“三个巨大”和六大项：项目必须有巨大的参与人数基础、巨大的消费潜力、巨大的发展空间；而前期锁定的是跑步、竞走、骑行、足球、篮球、网球这六大项②。

---

① 贵人鸟公司公告。

② 《从动域资本投资的17个体育项目看其布局与投资逻辑》，http：//www.0791quanquan.com/news_keji/topic_1433262/。

表 6　上海慧动域资本部分已投优质项目

序号	项目	简介
1	竞彩猫	通过全球专家 24 小时在线点评和大数据模型实时更新，为彩民提供深度体育赛事分析服务
2	UCG 中国大学生电子竞技联赛	致力于成为全球性的大学生电子竞技联赛，是国内大学生体育协会指定唯一官方高校联赛
3	超级猩猩	致力于打造中国的健身服务网络，将分布式智能运动空间、零售制消费模式和云端私教服务三者有机结合
4	海克力斯	致力于为不同人群提供不同的运动与营养解决方案、营养代餐解决方案以及康复营养解决方案
5	小李子足球装备	一站式足球装备零售商，倡导线上线下结合的销售模式，连续三年销量稳居行业头名

上海慧动域资本给予贵人鸟在争夺体育资源中强大的助力，充分扩大了消费体系流量入口，提升公司影响力，所投项目带来的联动效用不可估量。

（四）丰富产品层次，挖掘儿童市场

受生活水平提高的影响，过去几年，国内儿童运动用品市场成长迅速，家长开始重视儿童体育用品的质量和功能，这促使他们对儿童运动品牌的产品需求更加专业、精细。

部分体育用品企业抓住了契机，成功地在儿童运动用品领域抢先占得高地。国内市场中除 Nike 与 adidas 外，民族品牌安踏与 361°最先在儿童市场展开布局，特步 2013 年进入儿童运动市场，三夫户外也于 2016 年末首次发布儿童系列。

安踏作为国内最先嗅到商机的运动品牌，2008 年正式进军儿童市场，推出安踏 Kids 品牌，通过自身探索逐步寻找到符合市场需求的品牌定位。具体来看：①产品风格方面，采用更加丰富的配色，图案突出童趣；②渠道空间设计方面，引入橙色色调，表现儿童快乐活泼的形象；③目标群体年龄方面，安踏 Kids 从成立之初锁定 8～14 岁儿童逐步下移，目前覆盖 3～14 岁儿童，且在面向的年龄及产品类别上有了更深层次的细分[①]。

表 7　安踏 Kids 目标群体年龄层变化

时 间	目标群体年龄层变化
2008 年	主要的目标群体是 8～14 岁大童，接近青少年运动消费群
2011 年	将安踏 kids 的消费群定位下移至 7～14 岁，向中童下探
2012 年	管理团队再次将安踏 kids 定位于以 3～7 岁儿童为目标顾客，适合 3～14 岁的儿童着装，客群向小童和中童下移
2013 年	目标锁定 3～14 岁消费者，产品拥有运动、生活类别，按年龄段划分为 3～6 岁和 7～14 岁两个阶段

361°过去几年大力发展童装业务，截至 2015 年上半年，童装门店数量 2328 家，2014 年销售收入近 5 亿，占总收入的 13%[②]。361°童装面向 5～12 岁儿童，通过授权的迪斯尼漫画人物，推出相应的迪斯尼系列童装产品，同时赞助湖南台的儿童歌唱比赛《中国新声代》，持续提升品牌影响力。

实际上，虽然儿童运动用品市场成长迅速，但尚未出现具有规模优势的大品牌，各品牌仍需在产品创新上加大投入，挖掘儿童及家长的潜在需求，进一步细分市场。

---

① 马岗：《安踏儿童多元化夸张的新样本》，http：//person. efu. com. cn/newsview－1140964－1. html。

② 361°2015 年年报。

体育用品企业在经营结构上的转变和运营模式上的创新都体现出中国体育用品企业的与时俱进。中国体育产业前景无限，国内体育产业结构上的不足正好为体育用品企业的转型提供契机，单纯运动鞋、帽的生产与销售已无法满足消费者多元化的需求，运营模式的创新、经营内容的创新势在必行。

六　中国体育用品业发展趋势分析

（一）中国体育用品市场特点

1. 市场初步完善，品牌企业不断壮大

经过多年的发展，我国体育用品主要企业已建立起较为完善的销售渠道和流通网络，并在国内体育用品市场占据大部分市场份额。目前，国内体育用品市场竞争激烈，各种体育类展会竞相开展，与此同时，还需面对来自国外的如阿迪达斯、耐克等世界著名企业的竞争，这种激烈的竞争环境促使我国主要体育用品企业不断发展、壮大。

2. 行业集聚程度增大，形成产业集群

根据国家体育总局的数据显示，截至目前，全国共批准建立了14个国家体育产业示范基地和12家国家体育产业示范单位，其中，体育用品制造类的示范基地有3个，分别是晋江、乐陵和荆门高新区国家体育产业示范基地，占基地总量的21%；体育用品制造类企业6家，分别是大丰、双鱼、华鹰、爱奇、匹克、361°，占示范单位总数的1/2。从基地产业总量规模来看，2015年14个国家体育产业示范基地增加值总量超800亿元，其中仅晋江国家体育产业基地就380亿元，占当地GDP的23.75%①。由此可见，目前中国体育用品行业呈现集聚态势，并形成极具规模效益的产业集群。

3. 生产产品专项化、系列化

近几年，中国体育用品市场的发展呈现的一个重要特点就是体育用品的专项化、系列化。许多公司都是按照相同的成长路径发展起来，即以生产某一专项体育用品开始，成功之后，再向其他的体育项目扩张。目前，全国共有体育用品企业2620家，其中，高尔夫用品企业2296家，体育运动配套产品企业180家，健身器材、器械企业32家，还有其他以极限运动用品、运动护具、校园体育器材、户外运动休闲用品以及溜冰、滑雪用品等产品的生产销售为主营业务的企业共112家。这种专项化、系列化的企业生产经营模式已经成为我国体育用品市场发展的一大趋势。

4. 产品销售渠道多元化

随着互联网技术和各种金融工具的发展，借助“互联网+”，体育用品行业出现了体育用品分销新平台，即供应链服务平台，这种新的分销平台很大程度实现了以批发为主的传统分销渠道的扁平化。同时，对体育用品零售行业而言，互联网打破了传统行业消费的局限，助力企业开拓新的市场，打开了零售行业新的市场大门，在“互联网+”背景下，电商成为传统体育用品零售企业的突

---

① 国家体育总局：《培育国家体育产业基地 提质增效载体支撑》，http://www.sport.gov.cn/n316/n343/n1193/c734003/content.html，2016年3月24日。

破口。

5. 产品消费群体多元化

我国体育用品市场发展的另一个重要特点是商品消费对象的多元化。过去，体育用品一般以年轻人为消费对象，目标受众的年龄在20岁至40岁，而随着体育用品市场的发展，企业不断扩大目标受众，目前，儿童和老年人体育用品市场也在体育用品市场中占据了重要地位。此外，还有以一些特殊群体，如以残疾人为消费对象而形成的体育用品市场也成为中国体育用品市场的重要组成部分。

（二）中国体育用品市场现存问题

在体育产业日益发展的同时，我国体育用品市场发展所面临的问题也相当突出，主要表现在以下几个方面。

1. 市场结构呈现过度竞争态势

产业组织理论（SCP）认为市场结构、市场行为和市场绩效是影响产业市场的三个方面，而这三者之间又存在双向互动关系。我国体育用品市场企业众多，且产品中等差异化、进退壁垒低，这就使得体育用品产业市场结构呈现过度竞争态势。这种过度竞争的市场结构进一步导致体育用品企业间出现相似的价格、广告等行为，这些行为最终会导致资源配置效率低、利润水平低、规模不经济、产能过剩等一系列问题。因此，在我国体育产业用品市场发展过程中需警惕过度竞争的问题。

2. 专业人才相对匮乏

体育用品企业的竞争力体现在其核心技术上，而技术的开发取决于人才，我国体育用品业的人力资源市场则表现出以劳动力加工为主，高素质研发和管理人才不足的特点。专业人才相对匮乏主要体现在几个方面：①对于许多家族企业来说，缺乏具有经验的管理型人才；②能够开拓国际市场的营销人才相对匮乏；③缺乏具备研发和设计能力的创新型人才。体育用品企业要想改善人力资源条件，提高企业竞争力，必须加强与高校、科研机构之间的合作、引进国外先进的管理经验和人才，形成"产－学－研"一体的人才培养模式。

3. 质量标准体系不完善

质量标准是产品生产、检验和评定质量的技术依据，规定了产品质量特性应该达到的技术要求。成熟完善的质量标准和体系将起到规范并促进一个行业发展的作用。我国体育用品业标准化工作起步晚、标准少、标准低、标龄长，虽然在2014年11月，《室外健身器材安全通用要求》国家强制性标准申请成为国际标准，《武术剑》《太极服》两项武术用品国际标准通过并确立，但是，目前体育用品领域尚有很多产品未建立国家标准、行业标准和企业标准，这对我国体育用品业进一步发展极为不利，因此，建立完善的体育用品质量标准体系迫在眉睫。

（三）中国体育用品业发展面临的机遇

2016年作为"十三五"的开局之年和奥运周期"元年"，我国体育用品业的发展将在政策、资本、需求的推动下，迎来行业发展的新机遇。在2016年体育用品业高峰论坛上，国家体育总局体育器材装备中心主任李桦认为，我国体育用品业的发展呈现全面增长态势明显、发展环境整体利好、潜在风险需高度关注的特点。面对新的体育用品业发展格局，政策引导、体育消费升级、供给侧结构性改革、中国制造升级、产品进一步细分、“互联网+”等将成为推动中国体育用品业发展的新动力。“十二五”期间，我国体育用品业的发展遭遇衰退，作为朝阳产业、绿色产业、幸福产业的体育产业，其发展离不开体育用品业支撑，任何形式的体育消费和体育活动均需要体育用品。因此，在国家大力发展体育产业、推动全民健身发展的背景下，体育用品业也将迎来新的发展机遇。

1. 产业政策环境优化

体育用品业的发展离不开良好的产业政策环境，2016 年各级各类体育产业政策的纷纷出台，为体育用品业的发展创造优良的政策环境。2015 年各省市响应国务院《关于加快发展体育产业促进体育消费的若干意见》，出台省级《关于加快发展体育产业促进体育消费的实施意见》，布局省级体育产业发展，为体育用品业的发展打下坚实的政策基础。随着“十三五”开局之年的到来，国务院印发《全民健身计划纲要（2016～2020）》，为提高全民体质，丰富体育消费市场奠定政策基础，国家体育总局也印发《体育发展“十三五”规划》和《体育产业发展“十三五”规划》。一系列政策的推进继续优化了我国体育用品业发展的市场环境，为我国体育用品业发展的科技化、国际化提供政策支持。优良的产业政策环境吸引众多社会资本投资体育用品业，2016 年《中国国际体育用品博览会展会报告》显示，参加本次博览会的国内外企业达到 1047 家，其中商用家用健身器材企业数量达到 317 家，室外健身方面的参展企业最少，为29家，且1047家企业均成功在展会中签约①。体育用品业的繁荣发展，政策是推手。2016年5月国家发展改革委、体育总局、教育部等单位共同编制了《全国足球场地设施建设规划（2016～2020年）》。规划总目标指出：到2020年，全国足球场地数量超过7万块，平均每万人拥有足球场地达到0.5块以上，有条件的地区达到0.7块以上②。《全国足球场地设施建设规划（2016～2020年）》的实施将带动我国足球及相关用品业的发展，足球及相关用品行业将享受政策红利。

2.并购重组推动体育用品业规模效应形成

随着更多的社会资本投资体育产业，体育用品业也分享到社会资本红利。更多社会资本投资体育用品业，促进体育用品业企业并购重组现象的产生，更多的体育用品企业通过并购重组不断扩大企业规模，提高产品质量，形成品牌效应，促进体育用品企业规模化、国际化发展。通过企业并购重组同时也解决了我国体育用品业产品同质化、技术含量低等问题。据报道，贵人鸟体育2016年以来进行了三次并购业务，分别通过并购控股湖北杰之行体育有限公司、深圳星友科技、厦门名鞋库③，贵人鸟体育通过并购从体育用品业的下游向上游布局，促进公司规模效应的形成。李宁公司通过并购体育用品品牌，实现了先进生产技术、研发能力和营销渠道的

---

① 中国体育用品博览会官方网站，http：//www.sportshow.com.cn/。

② 国家发改委等四部门：《全国足球场地设施建设规划（2016～2020年）》，http：//www.moe.edu.cn/srcsite/A17/s7059/201605/t20160510_242680.html，2016年5月9日。

③ 施露：《贵人鸟服装主业陷困境并购转型体育》，《时代周报》2016年9月13日。

提升，并成为国内首屈一指的集运动器械与运动鞋服为一体的综合专业的体育用品公司[①]。体育用品业投资资本的增多，促进体育用品企业通过并购重组提高了生产技术和产品科技含量并形成规模效应。因此，体育产业并购重组热潮的掀起为体育用品业的发展提供新的机遇。

（四）中国体育用品业发展面临的挑战

在经济新常态背景下，我国体育用品业的发展依然受到挑战。包括：发达国家对我国体育用品制造业的低端锁定、体育用品业的创新人才匮乏、品牌文化影响力和创新力相对较低、产品雷同与恶意竞争现象严重等[②]。中国作为世界体育用品的“代工厂”，被西方发达国家锁定为低端体育用品的制造地，去“低端体育产品”标签将成为我国体育用品业科技化发展和国际竞争力提升的最大挑战。因此，去“低端”将成为我国体育用品业发展的最大挑战。

（五）中国体育用品业发展趋势分析

体育用品业作为我国体育产业的重要组成部分，“十三五”期间一系列的产业政策将为解决体育用品业的发展问题保驾护航，在当前产业增长态势明显和发展环境整体利好的背景下，体育用品业将在良好的政策环境、充足的资本、井喷的消费需求面前呈现以下

① 李燕领、王家宏：《基于产业链的我国体育产业整合模式及策略研究》，《武汉体育学院学报》2016 年第 9 期，第 27 ~ 34 页。

② 吴建堂：《“中国制造 2025”战略背景下的体育用品制造业发展路径研究》，《体育与科学》2016 年第 5 期，第 55 ~ 61 页。

发展趋势。

1. 政策红利凸显

政策先行是加快发展体育用品业的关键，体育产业政策的实施将有利于优化体育用品业的发展环境，夯实体育用品业的发展基础。自2014年国务院颁布实施《关于加快发展体育产业促进体育消费的若干意见》以来，体育用品业的发展在良好的政策环境中扬帆起航。在国务院46号文件的号召下，截至2015年12月，全国31个省（区、市）响应政策号召均已出台省级《关于加快发展体育产业促进体育消费的实施意见》（简称《实施意见》）。31个省（区、市）的《实施意见》中均涉及本省（区、市）的体育用品业发展规划，省级《实施意见》的实施成为保障体育用品业发展的基石；其次，2016年作为“十三五”的开局之年，2016年7月国家体育总局发布《体育产业发展“十三五”规划》（简称《规划》），《规划》主要任务指出“十三五”期间要提升体育用品业发展层次，引导体育用品企业向服务业延伸发展，形成全产业链优势；体育用品业成为“十三五”期间重点发展的体育产业门类，引导体育用品业转型升级，鼓励企业国际化发展，提升高端体育器材装备本土化水平，支持“互联网+体育”发展，支持体育用品企业科技创新。最后，体育用品业作为我国制造业的重要组成部分，国务院于2015年5月印发《中国制造2025》，“中国制造”战略的实施也为体育用品业的发展提供新的发展机遇，有效推动我国体育用品业的转型升级，促进体育用品业健康快速发展。

一系列政策的实施有效推进体育用品业的转型升级，以适应经济新常态的发展挑战。投资政策、土地政策、税费政策、人才政策的实施持续释放政策红利，吸引更多社会资本参与体育用品业投资，有效促进体育用品业的可持续发展。

2. 体育用品市场进一步细分

随着体育需求的多样化发展，体育用品的需求也呈现多样化发展，促使体育用品市场进一步细分，呈现产品多样化发展的格局。当前我国体育产业的发展维度不断扩大，体育产业的发展范围扩大至航空、陆地、水上、冰雪等体育休闲旅游领域，与教育、金融、养老、旅游等行业深度融合。体育产业维度的扩大吸引更多体育用品企业参与到各子行业产品的研发与生产，拓展了体育用品门类，进一步细分体育用品市场。《2015 中国户外用品年度报告》显示，中国户外用品市场零售总额达到221.9 亿元，增长率达到10.51%，户外体育用品市场共有品牌955 个，其中国内品牌507 个，国外品牌448 个[①]。户外骑行、滑雪、露营等户外休闲运动的盛行，加快细分市场户外休闲体育用品行业的发展。在成人户外用品竞争格局基本形成的情况下，其细分市场——儿童户外体育用品市场的开拓仍较缓慢。数据显示，儿童户外用品市场拥有 40% 的市场年增长率[②]，在户外体育用品市场中细分种类较多，儿童户外用品是细分市场的一部分，市场发展尚属起步期。如若企业能解决产品的同质化问题，找准企业定位，将有机会在儿童户外体育用品细分市场占有一席之地。

---

① 中国体育用品联合会：《户外用品报告：滑雪、骑行、露营成为增长点》，http：//www.csgf.org.cn/xhzx/hydt/1577.html，2016 年 6 月 14 日。

② 中国体育用品联合会：《儿童户外市场开拓步伐仍然较为缓慢》，http：//www.csgf.org.cn/xhzx/hydt/1541.html，2016 年 5 月 13 日。

体育用品市场除了在户外用品上细分外，随着体育场馆经营、水上运动、航空、电子竞技等产业的兴起，细分市场场馆舞台灯光设备、体育气膜产业（气膜体育馆）、航空飞行器材、游艇等产业都将蓬勃发展，体育用品细分市场的拓展将成为体育用品业新的增长点。

3. 技术创新继续引领产业发展

中国体育用品业的发展始终离不开科技创新，产品的科技创新始终是制约体育用品业发展的重要瓶颈。《体育产业发展“十三五”规划》也明确指出，“十三五”期间要提升我国高端体育用品的本土化水平和支持体育用品企业科技创新。当前国内体育用品企业、体育产业示范基地等众多机构都成立产品研发中心，以进一步提高体育用品的科技含量，提高产品的国内、国际竞争力水平。例如，山东乐陵国家体育产业示范基地，投资 1.5 亿元建设研发中心，设立一个博士后科研工作站，引进高级人才 1500 人，2015 年申请专利 167 项（发明专利 25 项），软件著作权 16 项。科技的投入为乐陵市体育用品业的发展带来了显著的成果，进一步提高乐陵体育用品业在国内国际的地位；在企业科技创新方面，以高端赛艇、帆船、皮划艇等为主营业务的浙江华鹰集团，通过引进国外船艇研发人才、与国内专业院校合作、加大研发投入等途径，2015 年申请国家专利 42 项，其中发明专利 3 项、实用新型专利 35 项、外观设计专利 4 项。专利的申请及成果转化，能提高体育用品的科技含量，提高产品的市场竞争力，直接促进企业经济效益的提高。因此，技术创新将继续引导我国体育用品业的发展，并成为制约我国体育用品业发展的重要因素之一。

4. 体育用品智能化发展

体育与科技的结合促进了体育产品智能化发展，体育用品智能化发展为体育消费者提供更加便捷、轻松、愉快的运动体验，同时也为体育用品业的发展开辟新的发展领域。ZEPP（泽普互动科技有限公司）于今年4月在北京发布了一款用于运动中的视频捕捉、智能生成集锦和分享的软件产品——北看台，同时也发布新一代运动传感器ZEPP2和足球项目的传感器产品ZEPP足球①。

体育用品业除了产品智能化外，体育用品的生产也将步入智能化时代。2016年体育用品生产的智能化将更加明显，体育用品的生产实现无人、无灯、无污染。机器人将取代健身器材行业部分劳动力，用以抵御当前我国“中等收入国家陷阱”下的人口红利下降的现实②。智能体育用品的研发生产和体育用品生产过程智能化，将成为我国传统体育用品业转型升级的新动力，通过打造智能化的体育产品和生产过程的智能化形成我国体育用品业全新的发展格局。

5. “互联网+”进一步变革体育用品业发展

互联网不仅仅改变了体育用品销售方式，同时也改变了体育用品企业的分销模式，并形成体育用品供应服务平台，进一步变革体育用品业的发展。据报道，成立于2015年的“嘿运动”为解决体育用品细分市场中无能力搭建独立销售系统企业的产品销售问题，

① 新华网：《ZEPP发布三款新型智能体育产品》，http://www.bj.xinhuanet.com/bjyw/2016-04/21/c_1118696856.htm，2016年4月21日。

② 《2016健身器材行业趋势预测》，《福建轻纺》2016年第4期，第29~32页。

构建了体育用品供应链服务平台[①]。互联网的发展已经变革了体育用品的消费方式，同时也变革了体育用品的销售方式和体育用品企业的发展方式，互联网的发展将渗透体育用品业研发、生产、销售的各个环节，成为体育用品业发展的助推者。

6. “中国制造2025”战略引领体育用品业发展

国务院于2015年推出《中国制造2025》发展战略，旨在推动我国向制造业强国迈进，体育用品业作为我国制造业的重要组成部门，从20世纪90年代开始，我国的体育用品制造业就成为世界体育用品生产的“代工厂”。近年来，随着我国体育产业在国民经济中地位的不断提高，体育用品制造业的发展也得到重视。《中国制造2025》的重点任务包括提高国家制造业创新能力、推动信息化和工业化深度融合、强化工业基础能力、加强质量品牌建设、全面推行绿色制造[②]。长久以来中国体育用品虽然拥有一定的产业发展基础，但产品品牌影响力低、产品同质化严重、科技含量低等一系列问题直接导致我国体育用品被贴上低价、劣质、山寨的标签。因此，《中国制造2025》战略的实施，将提高我国体育用品业的创新能力，推动体育用品业与科技、互联网业的融合发展，提升体育用品业的品牌影响力。

① 中国体育用品联合会：《“互联网+”催生体育用品分销服务新平台》，http://www.csgf.org.cn/xhzx/xhxw/1537.html，2015年5月13日。

② 国务院：《关于印发中国制造2025的通知》，2015年5月28日。

B.4

"互联网 +"常态下的体育场馆（场地）运营

摘 要： 本文对中美体育产业结构进行了对比分析，对国内的体育场馆现状、健身人群现状进行了描述，以健身、滑雪为例对垂直运动领域的市场情况进行了详细剖析，同时介绍了美国同类市场案例，并结合"互联网 +"的各种创新模式，对国内体育场馆市场化、经营模式的发展方向提出了设想。

关键词： "互联网 +" 体育产业 场馆经营 智能化

2013 年我国体育及相关产业总产出 1.1 万亿元，同比增长 11.91%，实现增加值 3563 亿元，同比增长 10.82%，增加值占 GDP 比重增加了 0.63%。同年，美国体育产业总产值 4400 亿美元，约占美国当年 GDP 的 3%。图 1 是由虎扑数据得出的两国体育产业结构分析，对比两国的体育产业结构可知，我国大众参与体育活动相关服务与消费的占比与美国差距明显。

国务院于 2014 年 10 月印发了《关于加快发展体育产业促进体育消费的若干意见》，明确提出到 2025 年，中国体育产业的总规模

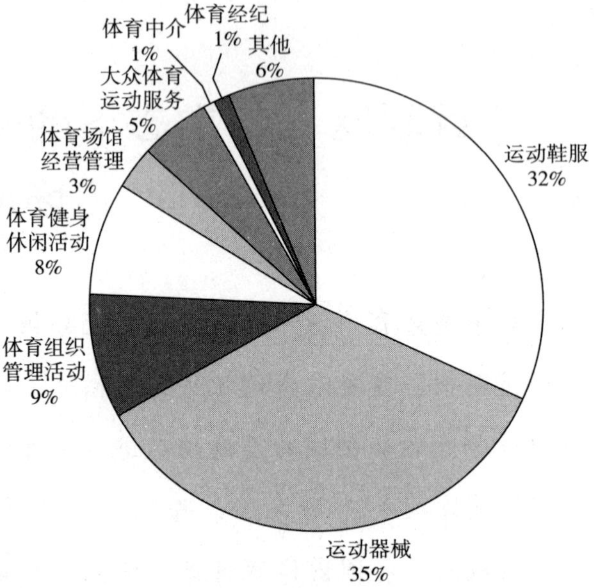

中国体育产业结构

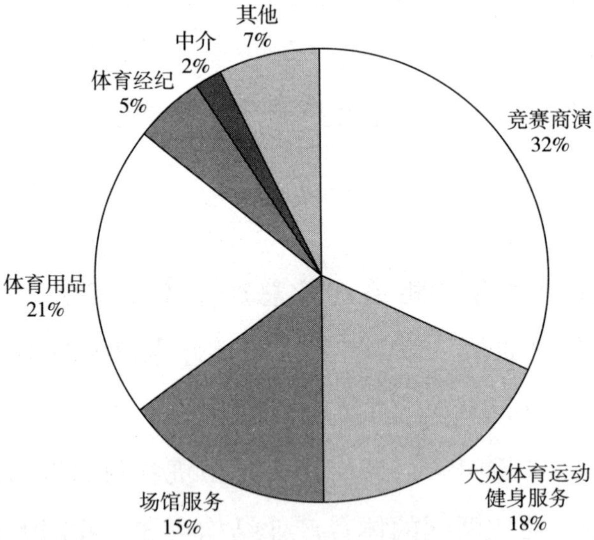

美国体育产业结构

图1　中美体育产业结构对比

资料来源：虎扑体育案头研究。

要力争超过5万亿元。若要实现5万亿元这一目标，大众参与体育活动相关的服务与消费的发展就必须提速，其中，体育场馆（场地）是大众参与体育活动必不可少的，体育场馆的运营将对大众参与体育活动的发展起到至关重要的作用。

一 中国体育场馆运营现状

（一）全国体育场地基本情况概述

根据《第六次全国体育场地普查数据公报》，截至2013年12月21日，全国共有体育场地169.46万个，场地面积19.92亿平方米，全国人均体育场地面积1.46平方米。

对比十年前发布的《第五次全国体育场地普查数据公报》，十年间，全国体育场地数量由85.01万个增长至169.49万个，增长接近100%。人均体育场地面积也由1.03平方米增长至1.46平方米，涨幅超过40%。对外开放比例较低的教育系统管理的体育场地数量占比由65.5%下降到38.98%，以商业化为主的其他系统管理的体育场地数量占比由1.2%上升到56.51%。

可以看出，这十年间，中国体育场地经营管理市场正朝向市场化、商业化的方向发展，但与体育市场更加成熟的发达国家相比，如美国人均体育场地面积为16平方米，日本人均体育场地面积为19平方米，中国的体育场地发展水平还远远不足，具有很大的增长空间。

从经营模式上看，由行政机关、事业单位管理的体育场地占比依然接近50%，这些场馆大多不面向大众开放，其中少量开放的场馆由于不以营利为目的，缺少精细化经营、创新性经营的动力，经营方式大多非常原始和粗犷，营利性很差。

（二）部分体育细分行业的场馆运营情况概述①

1. 商业健身场馆

国内商业健身场馆主要分布在城市中，根据经营规模的大小与服务形态又分为健身俱乐部与健身工作室。其中健身俱乐部的经营面积为1000～4000平方米，一般具备全套有氧器材、力量器材以及操房，部分俱乐部还有泳池。健身俱乐部一般采用收取年卡费用、次卡费用的经营形式，国内大型连锁健身俱乐部品牌包括一兆韦德、中体倍力、浩沙等。

相对于健身俱乐部，健身工作室是近年来新兴的一种健身场馆，经营面积100～500平方米，根据其经营的健身体系和课程设置不同，所包含的器材与功能区域划分也有很大区别。健身工作室虽然也采用会员制，但一般以课程销售的方式经营。

据不完全统计，目前国内健身俱乐部数量为5000～8000家，健身工作室数量为30000～40000家。其中上海、北京、深圳、广州等一线城市的占比较高，二、三线城市市场处于快速发展的阶段。

据调查，在中国商业健身俱乐部中，稳定盈利的健身俱乐部不

① 资料来源：虎扑体育案头研究。

超过20%，大部分健身俱乐部处于持平或亏损状态。核心原因在于其经营模式，健身俱乐部的收入以会员年卡收入为主，成本以房租和人力成本为主，在健身俱乐部的经营过程中，房租成本与人力成本均会持续增长，而年卡收入则会持续下降，最终陷入无法继续经营的困境。

健身工作室采用附加值更高的课程销售的经营方式，且由于经营面积小，房租成本压力较小，其经营状况略好于健身俱乐部。但由于目前健身工作室一般是由原本是健身教练的从业者投资经营，这部分从业者并不具备经营管理经验与营销经验，在消耗掉初期积累的客源后难以持续经营。另外，健身工作室的经营质量与其教练的服务质量具有很强的相关性，目前国内健身教练水平参差不齐，且没有统一的认证体系，健身工作室开展连锁经营非常困难。

2. 羽毛球场馆

根据艾瑞咨询的调查数据，羽毛球运动是目前大众参与程度第二高的体育运动，紧随跑步运动之后，高于乒乓球、篮球、游泳等运动。与跑步相比，羽毛球运动更多发生在羽毛球场馆内，是参与度最高的馆内运动。

参考高德地图、百度地图以及《第六次全国体育场地普查数据公报》，中国羽毛球场馆为10000～15000个，大部分羽毛球场馆包括10～20块羽毛球场地，全国羽毛球场地约20万块。

厂房改造是一种非常普遍的羽毛球场馆投资建设方式，由于羽毛球运动对于场地的要求不高，采用厂房改造的方式投资规模小，回报周期短，民间资本参与的门槛低，是近年来羽毛球场馆数量增长，进而提升羽毛球大众参与度的关键因素。

羽毛球场馆的经营状况比较稳定，旺季的工作日晚间、节假日全天上座率很高。但由于羽毛球场馆的硬件差异性小、增值服务少，难以建立连锁品牌，目前国内基本没有连锁运营的羽毛球场馆。

3. 滑雪场

2015年7月31日，国际奥委会主席巴赫在国际奥委会第128次全会上宣布北京获得2022年第24届冬奥会举办权，推动了近年来相对小众但稳步增长的滑雪运动的发展。

据不完全统计，国内滑雪场约400家，2014年中国滑雪人次约1500万。其中至少具备一条缆车的滑雪场约150家；至少具备4条缆车，达到欧美专业滑雪场标准的滑雪场30～50家。在地域分布上，东北三省与北京周边占最大比例。目前雪场中来自社会资本的投入已占到90%以上，商业化程度很高。

滑雪场的经营两极分化严重，其中长白山万达雪场年滑雪人次达24万，是目前年滑雪人次最高的雪场；南山滑雪场、军都山滑雪场等经营良好的雪场年滑雪人次接近20万，收入规模达到5000～6000万元；而部分经营情况不善的雪场年滑雪人次较少，收入规模低于1000万元。

滑雪场经营的关键要素为地理位置与经营团队，地理位置决定了其雪道质量、雪季长短与交通便捷性等要素，而经营团队的能力则更直接地决定了经营效果。夏季运营是一个公认的雪场经营探索方向，在海外已有成熟的案例证明其可为雪场经营带来大规模的收入增长。

二 “互联网 +”模式下的场馆运营需求与探索

（一）“互联网 +”

根据中国互联网信息中心（CNNIC）于 2015 年 2 月发布的中国互联网统计报告，截至 2014 年 12 月，我国网民规模达 6.49 亿人，其中手机网民达 5.57 亿人，人均周上网时长达 26.1 小时。互联网以其庞大的用户规模和效率改善能力，与零售、餐饮、电影等多个传统产业结合，发挥“互联网 +”的优势与作用。

“互联网 + 零售”：互联网通过信息通信、大数据、线上交易与支付等技术打破了传统的零售产业结构，建立新的智能仓储基地与物流网络，提高交易效率。国内“互联网 + 零售”的典型企业如阿里巴巴、京东、腾讯电商、当当网、唯品会、1 号店、凡客网均进入中国零售企业百强。

“互联网 + 餐饮”：2014 年中国“互联网 + 餐饮”行业线上用户规模达到 1.89 亿人，以点评、团购类及兴起的外卖网站（移动应用）为主，其中，超过 90% 的用户线上完成交易与支付。互联网为传统餐饮企业提供了覆盖区域更广、定位人群更精准的营销手段，并且通过线上交易与支付提高了其经营效率。

“互联网 + 电影”：2014 年中国电影行业票房总计 296 亿元，同比增长 36.15%，成为世界第二大电影市场。2012 年至 2014 年的三年，是中国电影行业快速发展的三年，而网络购票的占比也由 12% 提升到 40%。在线订票的便捷性带来的用户体验是电影行业快速发展的重要原因。“互联网+电影”的主要参与企业有猫眼电影、格瓦拉、微信电影票等，其中猫眼电影用户规模接近2亿人，2014年通过猫眼销售的电影票房达到50亿元，占全国票房总规模的16.9%。

全民参与的体育活动具备天然的连接人与人、人与服务的特点，可以通过与互联网的结合降低大众参与门槛，改善经营效率，提高附加值。我们有充分的理由相信，互联网与零售、餐饮、电影的结合给传统产业带来的巨变与活力同样会出现在体育产业中。

（二）“互联网+体育”与“互联网+场馆经营”

互联网与体育的结合具有多种形式，在国际与国内市场中已有众多企业在这个市场中耕耘与探索，并取得了一定的成果。

1. 美国市场

美国“互联网+体育”市场的主要参与者分为教练类、场馆类、运动数据记录类、细分市场类、智能硬件类以及传统体育或互联网公司。其中教练类包括Fitstar、Tru Trainer、Weightwatcher, Wello、Touchfit、Fitmob、FitnessPointPro等；场馆预定类包括Mindbody、Classpass等；运动记录类包括Myfitnesspal、Fitbit, Strava、Endomondo等；跑步类包括Zombies Run、MapMyRun、Runtastic、Runkeeper、Virtual Runner等；智能硬件类包括：Zepp、Peloton、Heddoko、GoPro等。

（1）Mindbody公司介绍①

美国公司Mindbody成立于1998年，是基于SaaS的CRM系

① 资源来源：Mindbody公司2015年年度财报。

统服务提供商，为健身场馆提供一套完整的后台管理工具，包括帮助健身场馆自动化分析销售、市场营销、客户服务以及应用支持等流程。

Mindbody 向最终用户提供跨区域的运动场馆和课程预定 App，通过整合线下广泛的场馆和课程资源，帮助用户找到最近的场馆和课程，并支持线上支付下单。

目前 Mindbody 为全球 124 个国家和地区超过 4.2 万个场馆和商户服务，并向这些场馆与商户收取服务费。2014 年，Mindbody 收入 7000 万美元，2015 年 5 月，Mindbody 提交了 IPO 申请，预计上市后市值超过 7 亿美元。

（2）Classpass 公司介绍①

Classpass 成立于 2013 年 6 月，采用整合各类健身场馆与工作室，向最终用户提供通卡的形式。Classpass 向用户收取月费，用户可以直接在其应用中预定不同场馆的各类课程，但每个月同一场馆不可以超过 3 次。

最初从纽约一个城市开始，Classpass 以惊人的速度将其合作的健身房拓展到全美各个城市，并于近期延伸到欧洲。

2015 年 2 月，Classpass 上的课程预约量达到 60 万次，2015 年 4 月，Classpass 收购了其竞争对手 Fitmob，2015 年全年，其收入可达到 6000 万美元。Classpass 于 2014 年 12 月进行 B 轮融资时融资额为 4000 万美元，目前其公司估值已经达数亿美元甚至超过 10 亿美元。

① 资料来源：互联网公开信息。

2. 中美差异

中国市场中的"互联网+体育"主要参与者可按照媒体社区类、工具社交类、场馆服务类、教练服务类等进行分类，其中媒体社区类包括虎扑体育、乐视体育、懂球帝等；工具社交类包括火辣健身、KEEP、咕咚、悦跑圈、FEEL等；场馆服务类包括智慧运动场、趣运动、动网、全城热炼、燃、乐奇足球、大满贯网球、超级猩猩等；教练服务类：初炼、青橙科技等。

其中场馆服务类中不乏参搬美国相似企业的案例，但由于中美产业环境的差异，照搬美国模式有较大风险。本文就中美健身产业环境的差异以Classpass模式为例进行分析。

（1）健身习惯

美国作为世界第一大健身市场，其社会健身氛围非常浓厚，对于大多数人来说，健身基本上已经是每日生活的一部分。根据IHRSA（the International Health，Racquet & Sportsclub Association）数据显示，全美至少有5400万名健身俱乐部会员，健身服务渗透率达到16.9%。而与之相比，我国的健身产业起步较晚，虽然近几年人们的健身意识得到了普遍的增强，以上海为首的一线城市健身市场发展迅猛，但从全国范围来看，健身服务的渗透率只有1%左右，与美国的差距很大。

（2）会费价格

受益于美国价格相对较低的地租与健身器械成本，其国内存在大量会费价格较低的连锁健身房，很多俱乐部的月费都低于Classpass的99美元，有些甚至只需要30~40美元。因此，在Classpass与这些俱乐部结算的过程中，双方均可以获得合理的收益，形成稳定的合作模式。而国内目前健身房年会费普遍高于2000 元，一般不提供月费的支付方式，国内的类 Classpass 经营者提供的 99 元人民币的月费定价偏离了原有的健身市场，导致其与俱乐部之间的合作关系脆弱，很快出现了大规模俱乐部集体抵制的情况。

（3）场馆供给

美国的健身场馆数量约为 32460 个，是国内健身房数量的 4 倍左右，换算为人均健身场馆数量是中国的 17 倍以上，且由于美国健身人群的健身参与时间、场馆都比较分散，以团体课为主要服务形式的健身房的课程并不饱和，Classpass 的用户为这类场馆提供了额外的收入。而国内的健身场馆供不应求，且大多是以自由训练和一对一私教的形式进行服务，类 Classpass 的用户进行自由训练并不能为其获取额外的收入或收入过低，反而会因拥挤造成口碑风险或造成原有年卡用户的流失。

（4）收费模式

Classpass 在美国的收费方式以信用卡自动扣费为主，每月正常扣除 99～199 美元的费用，如果会员希望暂停 Classpass 的会员资格，也需要缴纳 19 美元/月的会员保留费，否则需要在重新加入时缴纳 79 美元的激活费，这些都对用户的持续使用提供了一定的保障。但这种收费方式是建立在美国的消费习惯上。

国内具备微信支付、支付宝等更为便捷的支付方式，很难在支付方式上去设计增强用户黏性的措施。

综上所述，直接在国内照搬 Classpass 的模式风险很大。针对中国市场的现状，找到互联网与场馆运营的结合点尤为重要。

3. 探索方向

目前，国内的体育场馆经营普遍具备以下特点。

①信息化程度低：国内的体育场馆普遍信息化程度低。近年来，以表演、大型赛事为核心业务的大型综合体育馆已经逐步信息化，实现了线上购票选座等功能，但大量的以大众用户参与的小型场馆，大部分仍采用全人工的粗犷经营模式，缺少必要的 ERP、CRM 等企业经营管理工具，也无法提供便捷的线上预约、线上支付功能，使其经营很难精细化，也无法通过互联网工具打通线上的营销通道。

②场馆供给不足：场馆供给是面向大众提供体育相关消费服务的核心，上文已进行分析，中国人均体育场地面积仅 1.46 平方米，不足美国、日本人均体育场地面积的十分之一。其中面向大众开放并商业化经营的场馆则更加稀缺。

③场馆经营时间与空间有限，单位时间与空间收入低：目前中国一、二线城市居民生活节奏较快，可用于体育健身活动的时间非常少，与之对应的，体育场馆经营的黄金时间一般集中在工作日晚上和部分周末时间，每周黄金经营时间仅有 30 个小时左右。目前场馆大多仅以时段出租的方式经营，其提供的服务型增值业务较少，难以树立品牌，普遍在低价格区间进行竞争，坪效（即单位时间、空间收入）很低。

因此，互联网与场馆经营的结合应围绕改善经营效率、降低经营成本、提高单位时间与空间的收入展开。目前比较突出的探索方向包括：场馆智慧化改造、场馆信息化改造与新型的场馆经营方式。

（1）场馆智慧化改造

目前国内场馆智慧化改造方向的领跑者是智慧运动场解决方案，是一套利用互联网技术、软硬件集成的体育场地升级解决方案，可以应用于篮球、足球、网球、羽毛球等场地、由上海慧体网络科技有限公司提供搭建。目前其与北京、上海、广州、深圳及其他二、三线城市五千多家运动球馆保持合作关系。

通过在体育场馆架设智能摄像头，对运动者的技术动作、跑位等影像进行捕捉，实现场内屏幕直播和场外网络直播，并提供录像回看和下载功能，同时还能在比赛结束后的短时间内提供运动者的精彩集锦及数据统计。智慧运动场在实现运动场馆智能升级的同时，也为运动者提供了展示自己的舞台，让每个大众运动者都能享受巨星的待遇。

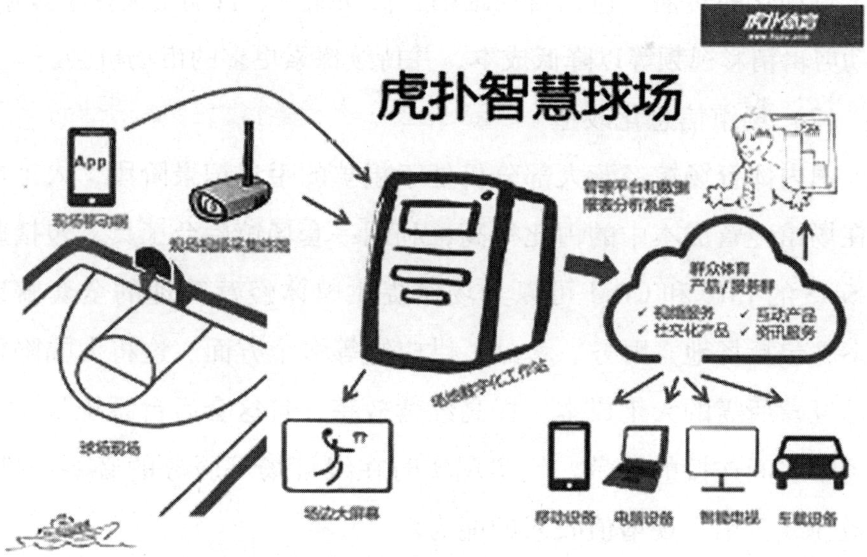

图 2　虎扑体育智慧运动场解决方案

这种场馆智慧化的改造将打破传统场馆受到经营时间与空间的限制，未来每天通过智慧运动场产生的精彩内容将达到数千甚至上万小时，这批内容在社交媒体中的传播将为场馆营销带来巨大的收益，而通过向用户收取服务费用或收取广告费也为场馆运营方带来实际的额外收益。

目前虎扑智慧球场已经部署了以足球、篮球为主的几千家运动场馆，其中包括教育系统场馆、商业化场馆等，每个月在其合作场馆内的比赛已经超过一万场，这些赛事的数据统计、完整录像、精彩集锦、针对个人的数据统计均会通过云端分发到相关的用户手中，并通过社交网络进行广泛的传播。

目前智慧球场已经通过广告招商、收取用户会员费用的方式获取收入，未来虎扑智慧球场会持续进行技术方案优化，致力于实现完全自动化的转播，包括自动跟拍、自动缩放、自动生成赛事数据、自动剪辑精彩视频等以降低成本，并持续探索更多的市场机会。

（2）场馆信息化改造

国内体育场馆经营大部分仍处于粗犷的手工记录阶段，人工成本在场馆经营成本中的占比很高，利用一套场馆后台工具，包括基于 SaaS 的 ERP 和 CRM 可以为场馆提供整体经营管理的全套解决方案，包括场地、财务、卖品、供应链等多个方面。这将大幅降低场馆经营所需的人工成本，提高经营效率，且这套后台系统是用户与场馆之间连接的纽带，是实现实时在线订场等服务的必要条件，具备在线营销实现增值收入的能力。

目前国内这个方向的领跑者为趣运动，趣运动已经向最终用户提供场馆（场地）在线预定的功能。

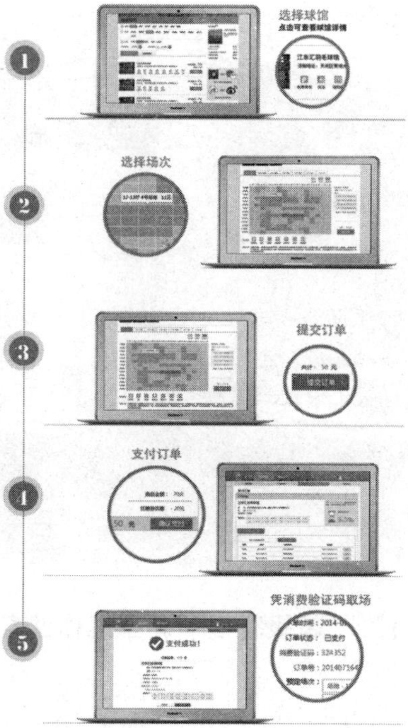

图 3　“趣运动”在线预订流程

目前趣运动合作的场馆数量已经达到几千家，除去以自有 App 面向用户进行服务，趣运动也积极与新美大（美团、大众点评）、微信、百度糯米、支付宝积极合作，通过对接其 SaaS 系统去面向用户服务。

（3）新型的场馆经营方式

以健身行业为例，上文曾描述过国内健身俱乐部面临成本逐年上升而收入逐年下降的困境；而健身工作室受限于教练的服务质量难以扩张。针对这一瓶颈，国内的超级猩猩项目采用了新型的场馆经营方式，打破了传统健身场馆面临的经营困境和扩张壁垒。

超级猩猩的产品之一，新型迷你健身舱为 24 小时无人值守健

图4 "超级猩猩"新型迷你健身舱

身舱。没有任何值班人员，健身也无须办卡，只要通过微信号或移动应用软件进行预约，每小时缴纳相应的器材使用费，就能获得入场验证码，全程自助健身。每个迷你健身舱的面积不大，一次只能容纳5~8人，但通过预约模式，人数和时段能够得到有效控制。

超级猩猩的另一个产品为团操工作室，向用户提供不同品类的团操课程，使用面积约150平方米，可以供20人同时上课，团操店内同样没有行政人员，团操教练按照排课时间到店上课即可，用户同样直接用超级猩猩的微信号进行预约，按次缴纳课程费用，其单次团课费用为50~200元。

超级猩猩通过互联网技术与健身舱硬件设计实现了无人值守的经营模式，为连锁经营扩张提供了基础，从一家健身舱扩张到20余家工作室和健身舱，其中心管理团队人员数量不升反降。另外，由于其健身舱的外观时尚，概念新颖，受到大量住宅地产、商业地产公司的喜爱，多采用地产合作伙伴进行硬件投资并免地租的合作方式，由超级猩猩进行运营，并收取运营费用。团操工作室的经营方式多为超级猩猩完全自营，其以团操为主的经营模式，与一对一的私教相比，具有用户费用低、单位时间收入高、易形成用户间的社交氛围等多个优势。综上，超级猩猩将传统经营方式中成本的两大组成部分——租金成本与人工成本降至最低，并通过创新的经营方式将坪效提高，其单店坪效与收入均远超行业平均水平。

目前超级猩猩已经开始营业的健身工作室、健身舱共 20 余家，大部分位于深圳的核心地带，2016 年 10 月其团操店已经拓展到上海地区，是国内成长速度最快的健身服务供给者之一。目前其多个团操店黄金时间的课程均需要提前一周以上进行预约，常有未能预约到课程的用户在店外跟随着音乐和教练共同运动。

小 结

目前中国体育场馆（场地）在各个细分体育领域普遍处于供给不足、信息化程度低、经营方式粗犷的情况，互联网与场馆经营的结合应围绕改善场馆经营效率降低成本、提高单位时间与空间的收入两个核心展开。在国内照搬美国模式具有很大的风险，场馆智能化、场馆信息化与新型的场馆经营方式将是适合国内市场现状的探索方向。

B.5

供给侧改革背景下体育旅游产业发展路径研究

摘　要：　我国体育旅游产业即将迎来发展的黄金时代，如何通过供给侧改革创新体育旅游产业发展思路，创造新的消费增长点，将是体育旅游产业未来持续健康发展的关键所在。本文首先梳理了我国体育旅游产业的发展现状，继续分析目前面临的困境，从而说明了实施供给侧改革的必要性和重要性，并从创新既有资源开发路径、释放需求营造发展机遇、优化体育旅游产品结构以及推动产业转型升级四个方面提出具体构想与建议。

关键词：　体育旅游　供给侧改革　融合发展　创新

体育旅游是指以观看或参与各种体育活动为目的的旅游活动。据世界旅游组织（UNWTO）统计，体育旅游产业每年产值已超4500亿欧元，[①] 体育旅游在体育产业中的重要作用愈加明显。长期以来我国以需求侧为导向的体育旅游产业虽然实现了较大规模的发展，但

---

① 《体育旅游年产值超4500亿欧元》，《海南日报》2016年2月24日。

仍然存在叫好不叫座等诸多现实问题。在这个从需求侧产能满足向供给侧品质提升的历史节点上，如何通过供给侧改革创新体育旅游产业发展思路，创造新的消费增长点，以更多更好的体育旅游产品激发市场活力，将是体育旅游产业未来持续健康发展的关键所在。

一　方兴未艾：体育旅游产业发展现状

自2014年国务院出台《关于促进旅游业改革发展的若干意见》后，我国体育旅游产业持续升温，多样化体育旅游产品体系初步形成，体育旅游在社会经济中的价值开始显现。2015年我国体育旅游实际完成投资791亿元，同比增长71.9%。登山、滑雪、探险、潜水等体育旅游新业态成为投资新亮点。中青旅、海航旅业、阿里旅游等大型旅游企业加快投资体育旅游。①

（一）体育旅游产品业态丰富

当前，体育旅游产品已较为丰富。针对奥运会、亚运会、世界杯、欧洲杯及各类体育赛事形成的赛事类体育旅游成为旅游热点，很多旅行社也借机打造了“法国十日游”等赛事类体育旅游产品。以骑马、自行车、高尔夫、游泳、滑雪等为代表的休闲类体育旅游项目也因旅游业态的逐渐完善而发展得较为成熟。与此同时，冲击极限类体育旅游项目也因其满足了小众市场而得到青睐，如探险旅

① 钱春弦：《体育旅游产业发展前景巨大》，新华网，http：//news. xinhuanet. com/sports/2016 -05/29/c_ 129024369. htm。

游、沙漠旅游、狩猎旅游、攀岩旅游等。此外，马拉松等竞技类体育旅游也在近几年得到快速发展。

表 1 体育旅游主要细分领域与代表项目

体育旅游主要细分领域	代表项目
赛事类体育旅游	针对奥运会、亚运会、世界杯、欧洲杯及各类体育赛事形成的赛事类体育旅游
休闲类体育旅游	骑马、自行车、高尔夫、游泳、滑雪等
极限类体育旅游	探险旅游、沙漠旅游、狩猎旅游、攀岩旅游等
竞技类体育旅游	马拉松、铁人三项、自行车赛等

（二）体育旅游消费已成热点

体育旅游作为一种全新的休闲方式正在成为消费新热点，奥运会、美洲杯、欧冠、欧洲杯等世界顶级赛事正在吸引中国游客花费几万元甚至几十万元出国观赛。据 2016 年 8 月份携程旅游发布的业内首个《体育主题旅游报告》显示，从 NBA、澳网，再到欧洲杯、里约奥运，2016 年重量级体育赛事轮番上演，与此相关的旅游产品受到了越来越多消费者的青睐。与世界顶级赛事相得益彰的是国内的赛事类体育旅游项目也有了一定的提升，根据有关机构对 2016 年 1 月至 4 月全国各地举办的 311 场各类大型体育赛事监测数据显示，观赛和参赛共计 338 万人，由赛事产生的旅游、交通、住宿、餐饮等消费达 119 亿元，对举办地的经济拉动超过 300 亿元。①

① 李琳海、张大川：《体育 + 旅游让更多民众分享经济红利》，新华网，http：//news. xinhuanet. com/sports/2016 －07/20/c_ 1119251427. htm。

与此同时，参与度高、花费低的体育旅游项目，也愈加受到广大游客的喜爱。据国内最大的在线旅行社携程统计，今年上半年通过携程旅游预订体育旅游线路的人数环比增长400%。[①] 体育旅游亦带动体育设备消费一路上行，《2016年中国体育消费生态报告》显示，2015年京东用户体育消费金额较2013年增长了4.6倍，其中运动手环、跑鞋、运动手表等体育装备的销售额增长迅猛，骑行运动、游泳、垂钓等专业性较高的运动的相关消费增速最快。[②]

二　供需失衡：体育旅游产业发展困境

回顾过去几年的体育旅游产业发展，可以看出，体育旅游产业的发展不仅有内在的逻辑支撑，也有外在的现实需求，对体育产业发展的支撑作用不断增强。与此同时也应看到，我国作为人口大国、体育资源大国、旅游资源大国，体育旅游的整体实力和竞争力还不够强，体育旅游产业发展空间还比较大。

（一）产品有效供给不足

据测算，在我国当前的体育产业结构中，80%是体育用品，20%是体育服务业。[③] 由此不难判断，体育旅游产品总体仍处于供

① 赵正：《携程发布首个〈体育旅游报告〉：市场份额不足5%》，中国经营网，http：//www.cb.com.cn/lingshouyuxiaofeipin/2016_0827/1167598.html。

② 《2016年中国体育消费生态报告》，中研网，http：//www.chinairn.com/news/20160808/112910631.shtml。

③ 杨金志：《上海，一次发展体育产业的“头脑风暴”》，新华网，http：//news.xinhuanet.com/sports/2014-10/23/c_127134452.htm。

给不足的状态。而在有限的体育旅游产品供给中，消费需求的日趋旺盛与有效供给的相对贫乏亦是我国体育旅游发展的主要问题。

表现之一是产品内容缺乏创新。体育旅游产业发展较快，产品数量增势明显，但与此同时，产品开发思路单一、跟风现象普遍存在，部分复制性、叠加性产品因竞争过度导致生产过剩，而原创性、深度结合性的高端产品则供给不足，产业广度、深度、速度、效度都需明显提升。以赛事类体育旅游为例，当前赛事旅游产品多为赛事与旅游的简单叠加，体育特色挖掘不够，没有很好地满足体育爱好者的需求。

表现之二是产品运营有待增强。在赛事旅游中，虽然票务、观赛、参赛、观光等能在一定程度上满足游客的需求，但却没能发挥体育旅游产业的综合效应和拉动作用，体育与旅游、文化、信息等相关产业的融合效应没有得到充分发挥，产品运营仍停留在简单叠加模式。

（二）消费市场仍待开发

据尼尔森2016年第二季度中国消费者信心指数报告的数据显示，中国消费者信心指数达到106，相比第一季度上升1个点，比全球消费者信心指数（98点）高出8个点，且随着消费升级，中国消费者更加追求品质生活，在休闲度假旅游、体育健身等方面增加消费的意愿较强。[①] 但与公众较强的消费意愿形成对比的是，目前我国体育旅游产业的产值仍较低。2014年我国体育产业增加值

---

① 人民网，http：//finance. people. com. cn/GB/n1/2016/0805/c1004 -28615268. html。

刚过 4 千亿元，占 GDP 的比重刚提升至 0.64%。从结构上看，我国体育服务业占比目前不足两成，相比于规划中 30% 的目标，仍有较大的发展空间。①

（三）产业业态急需优化

产业业态急需优化也是体育旅游产业发展过程中的关键问题。

一方面，我国各类体育旅游资源极为丰富。从寒冷的大兴安岭到处于热带的海南岛，从东北呼伦贝尔辽阔的草原到西南遮天蔽日的原始森林，从西部天山的草场到东部渔猎的大海，体育资源林立且各具特色，但我国体育旅游业态的开发并未体现出体育旅游资源富集的优势，而是将过多的产品供给集中到了赛事旅游。

另一方面，体育旅游业态与相关产业或行业的关联度较低，削弱了发展的后劲。体育产业与旅游产业均是万亿级市场，具有较大关联相关产业的能力，而融合体育产业与旅游产业的体育旅游更应积极关联相关产业或行业业态，如“体育旅游 + 文化”“体育旅游 + 互联网”“体育旅游 + 制造业”“体育旅游 + 高新技术”等，从而挖掘自身发展潜力，积极拓展市场空间。然而，当下体育旅游产业仍然过多拘泥于传统发展模式，产业业态调整与优化急需展开。

三　破题良方：为什么运用供给侧改革

如前所述，体育旅游产业缺乏有效供给、消费基础薄弱、业态

① 《2016 年我国旅游和体育行业发展概况分析》，中国产业信息网，http://www.chyxx.com/industry/201608/436954.html。

开发不足，究其本质都是供给侧出现了问题。因此，从供给端着手创造新供给、满足新需求是解决经济新常态下体育旅游产业发展困境、促进体育旅游产业长期均衡发展的内在要求。

（一）体育旅游产业发展与供给侧改革有契合之处

供给侧改革就是要通过产品和服务创新，更好地引导和满足公众需求。

从创新创意需求的角度看，在供给侧改革背景下，政府需要创新政策以降低产品和服务创新的成本，企业需要创新产品和服务形式以提高质量和效率。无论是赛事类体育旅游还是休闲类体育旅游抑或是其他体育旅游产品都具有明显的精神消费特征，也需通过创意、创新和创造来满足市场需求。

（二）帮助体育旅游产业夯实产业要素

体育旅游产业包含诸多产业要素，这些要素仍显薄弱，对体育旅游产业快速发展形成较大制约。主要表现在：体育旅游产业资本市场体系仍不完备；土地资源供给与产品产出关联性不强；体育旅游资源挖掘与利用不足；相关人才资源匮乏；技术创新乏力；等等。体育旅游产业供给侧改革将创造良好的市场环境，包括建立以市场为主要资源配置机制的市场规则、多元主体参与机制、多层次资本市场体系、投融资服务体系等。

（三）培育和引导体育旅游消费市场

供给侧问题最终要体现在产品或服务的生产和消费上，从体育旅游产业看，“供给创造需求”似乎最明显，因为大部分类型化的精神文化消费需求都是在生产之后被创造出来。体育旅游消费潜力巨大但一直未能被有效释放，究其原因，主要在于中低端文化产品过剩、高端产品供给不足，具有独特创新能力的产品供给更是非常稀缺，未能有效满足或引导公众需求。以休闲体育旅游产业为例，同类体育旅游项目“扎堆”、商业模式尚不成熟等因素，导致休闲体育旅游产品供给水平较低，体育旅游消费市场发展并不稳定。而供给侧的改革最终也是在创造新的需求，而且这种新需求更具可持续性。

四 路径创新：体育旅游产业供给侧改革路径

通过宏观调控，实现供需平衡，是产业发展的理想状态。然而当前体育旅游产业发展面临着诸多困境，“供给不足”与“需求不足”并存导致的“供需错位”，已成为体育旅游产业的主要发展障碍。这种情况下，要实现体育旅游产业快速发展，就要在适度扩大公众体育旅游需求的同时，加强供给侧结构性改革，化解过剩或落后产能，培育产业发展动力，助推体育旅游产业转型升级。

（一）创造新供给：既有资源开发新路径

随着人们收入水平的不断提高和物质生活质量的逐步改善，城乡居民各项休闲支出逐年增长，体育旅游消费占消费支出的比重逐年提高。呼应消费需求，体育旅游产业需创造新供给以满足公众文化需求，引导消费市场健康发展。

1. 从相关政策中找寻新方向

近年来，体育旅游相关发展政策密集出台，为体育旅游产业发展提供了良好的政策空间。涉及宏观战略层面，《国务院办公厅关于加快发展健身休闲产业的指导意见》提出，要“大力发展体育旅游，制定体育旅游发展纲要，实施体育旅游精品示范工程，编制国家体育旅游重点项目名录。支持和引导有条件的旅游景区拓展体育旅游项目，鼓励国内旅行社结合健身休闲项目和体育赛事活动设计开发旅游产品和路线”。《体育发展“十三五”规划》提出，要“与旅游部门共同研制《体育旅游发展纲要》，开展全国体育旅游精品项目推介，打造一批体育旅游重大项目”。国务院《关于促进旅游业改革发展的若干意见》提出，要“积极推动体育旅游，加强竞赛表演、健身休闲与旅游活动的融合发展，支持和引导有条件的体育运动场所面向游客开展体育旅游服务”。策略选择层面，《国务院办公厅关于印发国民旅游休闲纲要（2013～2020年）的通知》提出，要“加强国民旅游休闲产品开发与活动组织。鼓励开展城市周边乡村度假，积极发展自行车旅游、自驾车旅游、体育健身旅游、医疗养生旅游、温泉冰雪旅游、邮轮游艇旅游等旅游休闲产品”。体育旅游细分领域层面，如《冰雪运动发展规划（2016～2025年）》《全国冰雪场地设施建设规划（2016～2022年）》相继出台，前者提出要“全面推进冰雪运动‘南展西扩’战略，以京、津、冀为引领，以东北三省提升发展为基础，发挥新疆、内蒙古等西北、华北地区的后发优势，带动南方地区协同发展，形成引领带动、三区协同、多点扩充的发展格局”。体育消费层面，《关于促进消费带动转型升级的行动方案》明确提出，要“在落实好吸引社会资本参与体育设施建设、推进健身休闲产业发展、大力发展冰雪产业等政策的同时，进一步盘活体育场馆资源、丰富体育赛事活动，激发并满足居民对体育消费的需求”。

通过在政策中找寻新方向，不难发现体育旅游产业将在体育赛事、休闲体育、“互联网+体育”领域创造更多新供给。具体来说，一是体育赛事。我国将深化足球协会改革，做好全国性体育协会与体育行政机关脱钩工作，年内完成首批14个协会的脱钩工作，推动中国足球超级联赛、中国男子职业篮球联赛等职业化、社会化程度较高的职业联赛改革，丰富春节、“五一”、“十一”等节假日体育赛事活动，安排重量级、大型体育赛事。①多元化赛事将在更大程度上激活国内体育赛事旅游市场。二是休闲体育。未来将大力支持发展健身跑、健步走、自行车、水上运动、登山攀岩、射击射箭、马术、航空、极限运动等群众喜闻乐见和有发展空间的项目。响应全民健身的战略布局，旅游区域或者其他区域积极开展休闲体育旅游业也是体育旅游产业的未来发展重点之一。三是冰雪产业。《冰雪运动发展规划（2016~2025年）》中提及，“到2020年我国冰雪产业总规模达到6000亿元，到2025年我国冰雪产业总规模达到10000亿元”，而中国2015年滑雪市场产值约120亿元，滑雪人口仍仅占总人口的0.9%，参与人次仅相当于美国20世纪70年代初的水平。因此冰雪产业未来市场空间广阔，将成为体育旅游产业的新亮点。

---

① 国家发展改革委等：《关于促进消费带动转型升级的行动方案》，2016年4月。

2. 在体育资源中挖掘新领域

中国体育旅游资源富集，然而与旺盛的体育旅游消费需求相比，资源开发仍显不足，故还应从体育旅游资源中挖掘新领域。一是要继续加大体育旅游产品和服务开发力度。国内体育旅游消费市场巨大，应持续开发体育旅游产品和服务，为公众提供更多更好的各级各类体育旅游产品以满足公众刚性需求。二是要注重统筹开发区域体育旅游资源。当前体育旅游资源开发存在重复建设、缺乏规划等诸多问题，今后宜将区域体育旅游资源视为一盘棋，统筹开发。这样，既可让体育旅游资源在互补中凸显差异化，也可发现区域体育旅游资源中尚未开发或者开发不足的资源，避免不同区域或区域内部体育旅游资源开发出现散乱和相互竞争的局面，从而最大限度地发挥区域体育旅游集群的整体效应。三是要着力挖掘有开发价值但关注度较低的体育旅游资源。国内有很多尚未被开发利用且具垄断性和独特性的体育旅游资源，以民族体育旅游资源为例，除赛马等大众识别度较高的符号外，藏族跳神舞、赛牦牛、跳沙朗，彝族打飞棒、扯手等资源的大众认知度均较低。这些体育旅游资源一直处于被动开发的地位，主动开发意识不强导致其发展非常缓慢。

（二）释放新需求：营造市场发展新机遇

当前，受众结构变化与媒介升级换代不断产生体育旅游消费新需求，这就对体育旅游产品的数量与质量提出更高要求。对于体育旅游产业发展而言，这是新的市场机遇。

1. 受众结构变化催生新市场

体育消费一路上扬引发体育旅游受众结构变迁，进而影响体育旅游产业整体发展。具体而言，体育旅游消费的各个细分领域并非同步发展，除休闲类体育旅游依靠以往旅游业推动形态较为成熟之外，其他体育旅游业态中的很多产品都是今后开发的重点。其根本原因在于中青年人群是中国目前体育旅游主流消费人群的代表，这一群体对于旅游和体育的需求都是前所未有的旺盛，但同时亦要求有个性、有体验。因此，个性化、移动化、体验化成为其需求的主要特点。体育旅游产业在体育与旅游中寻求机会的同时，应关注需求端的变化，及时调整产业布局，从而满足不同群体受众的消费需求。

2. 媒介升级换代产生新受众

媒介升级换代对受众消费习惯的影响不可小觑，网络、手机技术的持续优化使得网络、手机受众不断扩大。截至2016年6月，我国网民规模达到7.10亿人，互联网普及率为51.7%。手机网民规模达6.56亿人，较2015年底增加3656万人，这也为体育旅游产业带来新的发展机遇。

2016年4月阿里旅行跨界联合阿里体育，“体育爱旅行”上线，在这次跨界合作中，阿里旅行提供了在线旅游平台的很多便利，包括品牌影响、流量入口、平台服务、支付便利、安全保障等，阿里体育方面，则提供了专业的体育赛事挑选、当地活动策划组织、体育IP和名人运用等。两者结盟是针对新媒介时代公众消费习惯变迁的战术创新。

（三）形成新业态：优化体育旅游产品结构

在体育旅游产业发展中，通过积极打造新热点与持续开发新项目，可改变既有的体育旅游产品与服务的比重，进而优化体育旅游产品及服务结构。

1. 打造体育旅游新热点

将已有的体育项目换种形式包装，可以成为产业消费热点，从而影响既有的体育旅游产业格局。具体可分为三个方面：一是休闲类体育旅游项目的热点营销。时下马拉松、越野跑等户外项目已成为多地刺激体育旅游产业发展的“领跑者”，福建武夷山、河北崇礼、江西武功山、甘肃张掖等地都开始打造品牌赛事。在中东部地区，南京、杭州、金华、宁德、台州、萍乡等地越野跑赛事遍地开花，天目七尖、杭徽古道等传统的徒步路线成了天然的赛道。北部和西部地区，除了北京、张家口赛事密集外，甘肃张掖、四川四姑娘山、云南大理等经典旅游目的地也摇身一变，成为国内跑步爱好者挑战极限的“圣地”。从徒步到跑步，从到此一游到深度体验，广大参与者消费能力的提高和关注点的改变促使更多的地方政府和体育赛事运营机构将户外运动看作打造体育旅游胜地的“领跑者”。① 二是借势节庆或者其他节点举办有针对性的活动。国庆节、劳动节、中秋节、情人节、万圣节等节庆日或者地区性的旅游节、艺术节或其他纪念性活动，都能掀起公众消费热潮，可考虑以节庆日为核心开展富有特色的体育旅游项目，让体育旅游项目在每一个节庆日进入公众视野，消费市场的扩大也将带动体育旅游产业的格局调整。

2. 开发体育旅游新项目

两类体育旅游新项目在未来或将成为开发重点。一是围绕极限

---

① 郭晓昊：《户外运动成多地刺激体育旅游产业“领跑者”》，《广州日报》2015年7月20日。

类体育旅游项目展开针对性宣传。由于滑雪、探险、潜水等体育项目相比其他常见的体育项目具有较高的参与门槛，所以一直没得到充分开发，体育旅游业的勃兴会带动这些参与度较低的项目回归公众视野。例如以滑雪、探险、潜水等为代表的极限类体育项目正在成为体育旅游投资的新亮点。二是开发新的产业项目。体育小镇等新项目的开发对于产业格局整体创新也发挥着重要作用。2016 年 9 月，江苏省体育局在全国体育系统率先印发《省体育局关于开展体育健康特色小镇建设工作的通知》《省体育局关于做好体育健康特色小镇共建推荐工作的通知》，计划到 2020 年全省培育 20 个产业特色鲜明、发展模式多元、体育服务便捷、建设空间集约、发展富有活力、人文充满魅力、生态健康宜居的体育健康特色小镇。在 2016 年 10 月 27 日闭幕的 2016 年江苏体育产业大会上，江苏省体育局与仪征市枣林湾生态园、江阴市新桥镇、南京市汤山温泉旅游度假区、淮安市淮安区施河镇、溧阳市上兴镇、南京市高淳区桠溪镇、宿迁市湖滨新区晓店镇、昆山市锦溪镇体育健康特色小镇首批 8 个共建对象所在的县（区、市）政府签署共建协议，以省地共建模式在全国率先启动体育健康特色小镇建设。除江苏外，其他地区也纷纷加快了开发体育小镇的步伐，福建武夷山已提出打造马拉松特色小镇，登封市已建成嵩皇体育小镇。体育小镇与其他体育旅游新项目的开发也会开启新的体育旅游消费热潮。

（四）探索新模式：推动产业转型升级

融合体育业与旅游业的体育旅游产业的进化思路为外延式发展—内涵式发展—更大范围的外延式发展。体育旅游产业起初为体育业与旅游业的拼接与组合，随着各项要素的健全，体育旅游产业进入内涵式发展阶段，由此必将带动体育旅游产业由硬要素向软要素的全面跃升，亦会驱动体育旅游产业在更大范围内实现外延式发展。

1. 多元举措拓展产业空间

产品设计多元化是推动整个体育旅游产业发展的一个方向。略举几例，一是让衍生服务丰富赛事 IP 内涵。譬如针对皇家马德里俱乐部体育旅游项目，不仅可包含看球，也可包括看球员的更衣室，与当红球星一起进餐，得到官方授权的纪念品以及其他生活方面的服务。二是以多元运动项目或会展节庆聚揽人气。如针对滑雪场等特殊场域，可在非滑雪期间开展高尔夫、山地自行车、溜索、徒步、缆车观光、滑翔伞等经营活动，或者组织各类音乐节、电影节、美食节等大型活动。三是将赛事与装备或服务赠送组合销售。如虑及参赛者参赛成本过高，可考虑附送品牌赞助商的高端体育装备或者其他服务。

2. “互联网 +” 刷新产业视域

“互联网 + 传统行业” 的发展模式在各领域持续发酵，不仅刷新了公众生产生活方式，也汇聚起推动产业转型升级的新兴力量。体育旅游产业也应借力“互联网 +”，积极开辟新的产业领域。主要体现在两方面：一是融入技术内涵。2015 年是 VR 井喷式发展的一年，依凭 VR 技术，硬件、软件和内容领域的新品层出不穷。将 VR 技术运用于体育娱乐产业，可引发体育娱乐产业多领域重要变革，以赛事产业为例，通过 VR 技术可极大地丰富观众收看体育赛事的途径。从 2D 影像到 3D 立体，从 3D 立体到 360°全景，从 360°

到站在场中央或者拥有裁判视角，观众们可以选择以自己喜欢的、全新的方式置身于比赛中。二是结盟新兴产业。如体育产业可尝试与电竞产业结合，这方面已有先行者。微赛体育旗下微赛电竞与腾讯旗下企鹅电竞联合举办“QGC 影院联赛”，王者荣耀项目即是一例，这一项目将打通电竞、娱乐、赛事直播、影院等多个细分领域，为体育娱乐消费提供新选择。体育旅游产业也可考虑与其他新兴产业整合创新，为自身及相关领域带来新的营销增长点和市场发展空间。

B.6

“资本+技术”掀起媒体的战国时代

摘　要：　资本和技术已经深刻改变了我国体育传媒行业的发展格局。水涨船高的版权费用、日新月异的技术革新究竟会怎样影响体育传媒的发展？本文通过分析体育传媒发展史与技术的演进过程、传统体育传媒面临的困境以及相关案例，得出结论：随着移动互联网时代的来临，媒体作为一个平台，既要提供信息，更要提供服务，实现从媒体到服务的二元并举。

关键词：　体育传媒　技术　移动互联网　垂直化

“资本+技术”掀起的到底是“集团军作战”还是“农民起义”，我们现在还不得而知，但我们可以肯定的是这一组合掀开了体育传媒行业战国时代的新篇章。大佬狂傲的进入，谁又能够确定不是项庄舞剑？资本虽然成就了版权的价值，但买单者能否将高额的版权费进行消化，会不会造成内伤？技术打破了媒体的单元属性已经成为事实，这就和当年技术成就电视媒体是同样的道理，从PC到App同样是媒体发展的趋势所在，谁都没有办法阻止这一趋势。

一　技术催生媒体的异化

对于行业媒体来说，垂直化是未来的发展趋势，这一点毋庸置疑。诸如我们现在看到的财经、汽车、体育（这里包括足球、篮球、冰雪、马术）等各细分领域，这是技术的产物也是时代的产物，就如同印刷术造就了报纸、无线电造就了广播、视频技术造就了电视，互联网技术成就了 PC，移动技术必然诞生出 App。无论垂直媒体目前境况如何，但趋势是必然的，只是谁笑到最后的问题。

互联网移动技术弥补了线性媒体的不足，这一特点使互动变得可行而便利，使媒体属性与服务属性相互融合，让用户在获得信息服务的同时，可以获得由此带来的生活便利并缔造出一个新的商业平台。这就是为什么 APP 可以替代电视，而电视却无法替代 APP 的原因所在，这也是技术革命发展的必然结果。所以在今天，我们看到了越来越多的自媒体和 APP 诞生和涌现，并且凭借自身的优势向传统媒体发起了不断的冲击和挑战。

垂直媒体除了能够更好地满足用户互动的需求外，其较高的用户精准度以及低成本运营也是传统媒体无法比拟的。或许有些人对于垂直类平台究竟是媒体还是工具会存在疑问，但实际上随着媒体和工具的融合，对于垂直媒体而言，这个界限会变得越来越模糊，媒体作为一个平台，既要提供信息，也要提供服务，实现从媒体到服务的二元并举。

移动互联网的飞速发展使得网络信息的生产传播方式发生了巨

大的改变。在 PC 时代，以生产海量信息为主要卖点的传统互联网门户网站虽然在过去十年取得了一定的成功，但是在赛事版权费用一再推高的情况下，体育媒体逐渐走入了版权陷阱，互联网综合媒体的版图维系将在版权支出与收入之间进行重新考量，市场也在逐渐证明互联网体育综合媒体希望通过资本的力量实现在体育竞赛市场的版权垄断之梦将被粉碎，因为没有企业能够期望自己成为第二个中央电视台体育频道（CCTV－5）。现如今，即使 CCTV－5 也同样面临着来自新媒体以及资本市场的压力，CCTV－5 此前的垄断必将成为历史，其未来将进入一个全面防守的阶段。

随着移动互联网 4G 时代的到来以及 5G 时代的即将到来，人们的信息获取渠道必将从电视、PC 等所谓的大屏转移到手机和 pad 等所谓的小屏（距离决定屏幕的合理性）上。虽然目前繁复冗余的海量信息为用户带来的是困扰而不是需要的真正满足，但是面对真正的精准及各取所需的服务诉求，在互联网技术成就垂直"媒体＋服务"的体系中，我们将会真正找到答案。分化与变异，这是在生物进化时代所形成的规律，也同样适用于其他一切事物的发展轨迹，从报纸杂志到广播电视、从声画分离到声画合一、从区域传播到全球传播、从线性传播的我说你听到网络互动传播的相互融合、从综合内容的杂乱无章到细分领域的精准互动，传媒发展的历史清楚地解答了这一趋势的必然路径。庞杂而浩瀚的信息堆砌必然催生能够提供单一领域细分话题的垂直类媒体，相比综合型媒体而言，垂直类媒体做得更为精细、专注，能够提供更高品质的产品服务。

在笔者看来，无论是过去还是现在，无论是传媒界的巨无霸还是小灵通，在浩瀚的世界里，都只是一个传播与服务线下一切所需的社会活动的工具，这是不可变的定律。而在其中，线下决定线上是铁律，正是如此，体育传媒格局出自技术，源自市场。目前社会上所认同的体育传媒，大多只是观赏、信息获取的渠道，这是始于人们对传统媒体的理解。而人们真正认知和理解互联网技术，再对体育传媒透彻理解后，突破固有的模式，诞生新的模式自然是水到渠成。新模式的产生必然是要将信息与内容的单项传播服务演变成信息内容与线下系列产品的传播与交易服务，实际上由原来的“面到点”转换成了“点 - 线 - 点”的现代体育传媒服务的新格局。这就是为何前文我们会谈到传统电视由进攻转入防守，而最后的互联网体育垂直传媒服务格局的形成才是对传统媒体，特别是电视媒体发起总攻的时刻。

垂直媒体与服务的基本理念一旦形成合力，最后发力的必将是足球、篮球、马术、赛车、冰雪等新的垂直“媒体 + 服务”平台。其特点是直接与线下产品、企业融合，在提供项目传播的基础上，完成产业交易信息平台及其他相关服务的产业链条建设，满足人们在移动互联网时代的垂直搜索及相关信息需求的同时，提供更为直接的服务。因此在财经、游戏、IT、汽车等成熟行业中已经率先涌现出一大批知名的垂直媒体，诸如东方财富网、多玩、中关村在线、汽车之家等，这些垂直类平台均已成为或正在成为上市级企业，其发展速度甚至超过行业内的生产型企业。在“互联网 +”的新时代背景下，体育运动项目所形成的独特的细分市场为体育传媒垂直细分提供了必然的生存环境，也自然为其带来更多的发展奇迹。

综观世界体育传媒的细分格局，传统的报纸、杂志、电视都已经充分地证明了这一论点。默多克旗下的天空体育台利用英超足球所创造的奇迹，充分说明了体育垂直媒体发展的趋势。天空体育台（Sky Sports）是在英国及爱尔兰播出的付费卫星电视频道，是目前英超在英国国内的独家直播机构，自 1990 年以来在英国体育商业化及体育交流中扮演着重要角色。天空体育台促进了 1992 年英格兰足球超级联赛的设立，亦促进了英格兰联赛杯的举办，并与英国广播公司共享联赛杯转播权。而天空电视台也通过收购英超转播权与入股英超俱乐部，开始全面介入英国足球。得益于这一模式，英超从 20 世纪 80 年代的低潮中走出并一跃成为全球最成功的联赛。而同时，天空体育台也成为英国最具影响力和最知名的体育电视平台，毫不夸张地说，英超联赛造就了天空体育台。

二　传统媒体的技术困境

Netflix 的联合创始人兼首席执行官里德·哈斯廷斯曾谈到，传统的广播电视服务将于 2030 年消亡，网络电视将在未来数十年内全面取代广播电视。现代管理学之父彼得·德鲁克也曾说过这世界唯一不变的是变化，没有人能左右变化，唯有走在变化之前。

在不久前举行的“世界电视日”上，很多专家都在集思广益，寻求变革，并且希望在结构上加以彻底改革。他们认为广电行业亟待从局部到整体的精准设计、精准实施、节目生产要转型、节目编排要转型；一部分人提出要从内容为王向偏好为王转换，这里的偏好当然是指收看方式、内容等；还有人重新提出 20 年前电视界就明确提出的“新闻立台”的观点，其实这一方法传统电视领域一直在践行，而最终收获显著成功的案例却是互联网垂直平台——“今日头条”。传统电视几十年的付出和努力无法阻挡垂直媒体近几年的快速崛起之势。为什么会这样呢？因为技术优势是任何人都无法否定也无法超越的。电视人即使顽强抵制，希望改变现有的局面，但与时代抗衡无非也只能是延缓衰落，就如同你非要骑马或坐着马车去追赶汽车。

互联网发展大势如此迅猛，往日大家争得面红耳赤的话题此刻已无人提及。在三四年前，提到体育媒体的发展格局时，人们还自然地将其划分为电视媒体与新媒体两大阵营，基本上也就是指四大门户网站向 CCTV－5 发起围剿的态势。在那时，虽然 CCTV－5 不断被冲击，但是想要撼动其地位显然是很困难，CCTV－5 悠然自得地享有老大的地位。而现在，在体育传媒行业竞争日趋白热化、赛事版权天价化、人才天价化的背景下，CCTV－5 虽然依旧是一座大山，但它的身影已然有些落寞，成就似乎已经与它渐行渐远。

2016 年，面对挑战，CCTV－5 不得不依靠欧洲杯、奥运会等几项全球性重大赛事的版权垄断来维系其昔日的霸主地位。作为 2016 年欧洲杯在中国大陆地区独家全媒体版权的拥有者，CCTV－5 没有进行任何的版权分销工作，最终在收视数据和广告收入的考试中交上了一份漂亮的答卷。只是，作为传统电视台，央视依然面临着诸多的问题。

当我们在看到央视的辉煌和市场的业绩时，我们同样需要冷静地思考与分析。由于收入和投入在央视的平台分开计算，如果只看收入不看投入，那么 30 亿元的收入任务在国内体育产业市场上仍是巨无霸，地位无人撼动；但如果我们从市场整体运营成本来看，将体育频道与央视其他频道资源的配给做一个分析，那么其收入与资源配比就不再显得那么光鲜。

（一）新势力的冲击

据《财经天下》报道，2012 年伦敦奥运会时，新浪、腾讯、搜狐三家门户的用户量加在一起约 3000 万人，与央视的用户量接近；新浪、腾讯、搜狐三家门户的体育广告额接近 2 亿元，与北、上、广三家体育频道的广告额接近。中国的数字媒体公司，正在蚕食着原本属于央视的地盘。

（二）独家版权优势缩水

2014 年 10 月 20 日，国务院颁布了《关于加快发展体育产业促进体育消费的若干意见》，其中明确要求放宽赛事转播权限制，将央视独家可买的版权限制在奥运会、亚运会、世界杯足球赛三项赛事中。2015 年 9 月 25 日，华人文化旗下的体奥动力以五年 80 亿元人民币的价格拿下 2016 ~ 2020 年中超电视公共信号制作及版权；2016 年 2 月，乐视体育宣布以 27 亿元人民币获得中超联赛 2016 和 2017 赛季的新媒体独家版权。外部资本的介入，正在迅速瓜分央视对于中超的控制力，至于拿得下是否留得住、养得起、活下去暂且不论，但这一现象的出现，至少打破了央视体育原本一统天下的格局。可以预见的是，当五大联赛甚至各类杯赛的版权加速资本化运作的时候，未来几年，央视缺席重大赛事、焦点比赛直播的情况或将成为常态。

虽然含着“金钥匙”出生，但在遭遇“互联网技术+资本”的重重一击后，央视的反击之力都显得有些苍白无力，如若不是这样强大的背景，想抵挡住“技术+资本”的连环掌几无可能。同时，地方上原本就举步维艰的传统体育电视频道哪一个又不是摇摇欲坠，苟延残喘？过度垄断必然践踏市场、遏制市场，阻碍市场的发展，现如今除了资本与技术的合力所呈现的动力之外，国家的政策指引同样为市场的发展奠定了基础，扫清了障碍。

（三）新媒体布局难言成功

“技术+资本”产生用户，追求用户是门户网站们纷纷追捧的热潮。每一个门户体育都是全体育模式，图文、视频自然要轰轰烈烈上马，随之形成了“技术+资本+用户+上市”的时代之路。追逐用户就必须要大、要全、要点击量，随后发现拿视频需要版权，于是乎大小版权通吃，CBA、NBA、中超等版权价格一路飙升，互联网PC端自然乐不思蜀，拼命追赶，资本更是持鞭挥舞。而新生力量乐视体育更是做到了四大门户都不及的高度，无论是在内容广度上还是版权数量上全部不遗余力，真可谓“王者风范”。

中央电视台体育频道为了确保其霸主地位，在新媒体之路上同样快马加鞭，很快打造出一个CNTV。同样是含着“金钥匙”出生，天生就不缺版权，包括他人梦寐以求的欧洲杯、世界杯和奥运会这类强势项目的版权，更不缺其他门户网站所不具有的节目资源。但遗憾的是它依然敌不过四大门户和后来居上的乐视体育，但虽然他们有版权有内容，与CCTV-5相比，却怎么也傲视不起来。

新媒体领域央视体育如此疲软，这也从另外一个角度说明，想要在新媒体领域打造一个大而全的体育新媒体平台可能性已经不大了，因为它已经不再是时代发展的潮流。

三　垂直媒体的应运而生

随着信息量的极大丰富，媒体产品市场同样早已由卖方市场转化为买方市场，在这种情况下，媒体的细分也必然成为发展的趋势所在。在目前的体育媒体领域，诸如虎扑、懂球帝等垂直类体育媒体用它们的发展印证着体育媒体的发展趋势。

虎扑体育（www. hupu. com）成立于2004年，致力于在互联网、移动互联网和线下平台运营和推广体育赛事，为企业和组织提供一站式体育营销整合服务，为中国体育迷提供最专业、最广阔的互动交流平台，助推中国体育产业发展。经过12年的发展，目前，虎扑已是中国最大的体育类垂直社区。它既提供篮球、足球、网球、赛车等主流职业体育项目资讯，也有按照运动类型和球队细分的各种论坛，还有游戏、体育彩票、电子商务导购等板块（见图1）。

2004年，虎扑CEO程杭创立hoopCHINA论坛，借助姚明登陆NBA的契机，最初以NBA赛事为主要讨论话题，通过NBA视频转播以及提供差异化信息，吸引了大量的篮球用户。与此同时，虎扑进一步拓宽项目领域，尽可能覆盖更多的用户。在线上取得成功后，虎扑将目光投向线下，从2009年起，开始在全国166个城市内搭建球迷团，开展线下营销。为了进一步整合资源，实现

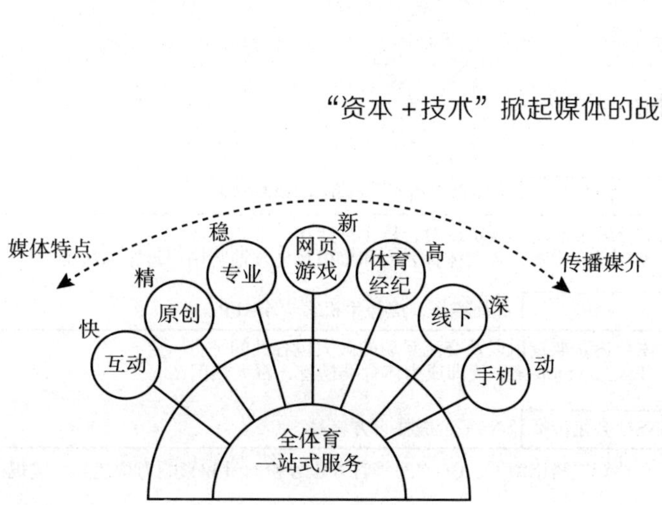
媒体特点
传播媒介
快
精
稳
新
高
深
动
互动
原创
专业
网页游戏
体育经纪
线下
手机
全体育
一站式服务

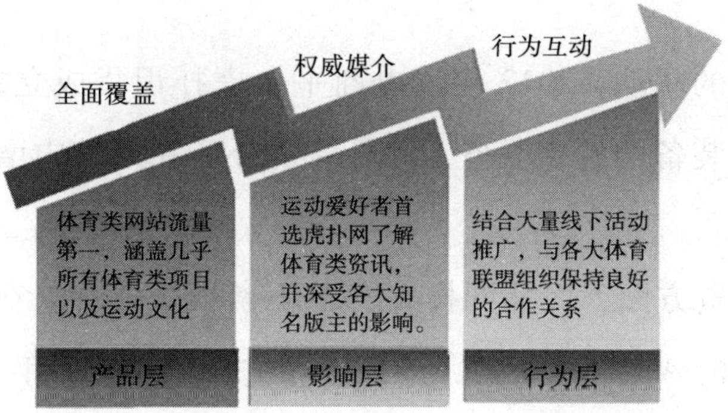
全面覆盖
权威媒介
行为互动
体育类网站流量第一，涵盖几乎所有体育类项目以及运动文化
运动爱好者首选虎扑网了解体育类资讯，并深受各大知名版主的影响。
结合大量线下活动推广，与各大体育联盟组织保持良好的合作关系
产品层
影响层
行为层

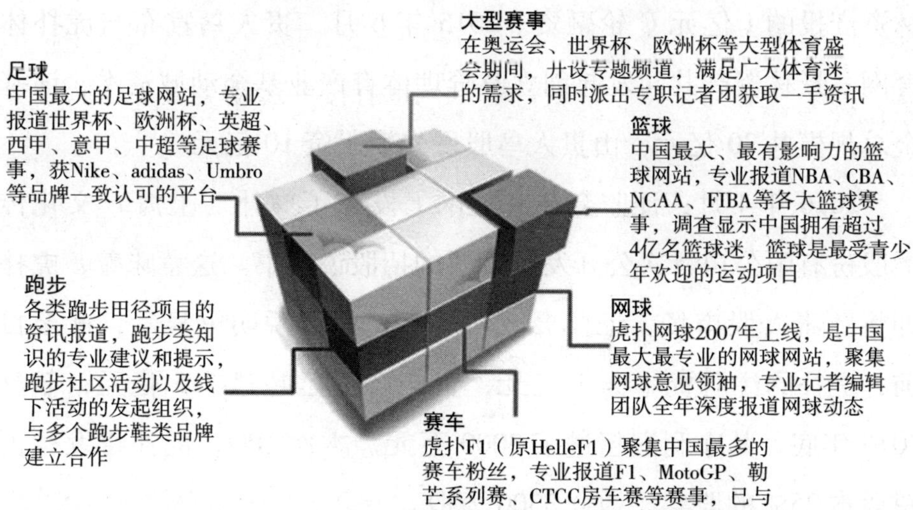
大型赛事
在奥运会、世界杯、欧洲杯等大型体育盛会期间，开设专题频道，满足广大体育迷的需求，同时派出专职记者团获取一手资讯
足球
中国最大的足球网站，专业报道世界杯、欧洲杯、英超、西甲、意甲、中超等足球赛事，获Nike、adidas、Umbro等品牌一致认可的平台
篮球
中国最大、最有影响力的篮球网站，专业报道NBA、CBA、NCAA、FIBA等各大篮球赛事，调查显示中国拥有超过4亿名篮球迷，篮球是最受青少年欢迎的运动项目
跑步
各类跑步田径项目的资讯报道，跑步类知识的专业建议和提示，跑步社区活动以及线下活动的发起组织，与多个跑步鞋类品牌建立合作
网球
虎扑网球2007年上线，是中国最大最专业的网球网站，聚集网球意见领袖，专业记者编辑团队全年深度报道网球动态
赛车
虎扑F1（原HelleF1）聚集中国最多的赛车粉丝，专业报道F1、MotoGP、勒芒系列赛、CTCC房车赛等赛事，已与Porsche、Ferrarl、Puma等品牌成功开展合作

线下活动	虎扑赛事组织，线下路演活动举办

· 虎扑城市运动迷观赛派对，嘉年华活动
· 虎扑线下比赛，各大体育名人和草根意见领袖与用户近距离接触

手机	虎扑赛场，虎扑手机客户端APP

· 体育迷获取资讯以及交流互动的最大包容性的平台
· 登录App Store第一天即成为体育类榜首，百大热门App

SNS社会化传播	SNS平台虎扑官方帐号

· 虎扑新浪腾讯微博、QQ空间等官方账号粉丝量和影响力均达到一定规模

图 1

线上、线下的联动，2012 年，电商平台虎扑识货成立，为网站用户提供运动装备的购买服务。此外，虎扑还在网站内增设了彩票、游戏等服务。

而在融资方面，虎扑同样在有条不紊地推进中。在 2007 年获得晨兴科技的 A 轮融资成立公司后，虎扑又在 2012 年 9 月完成由海通开元领投的 4000 万元 B 轮融资。2014 年 7 月，虎扑获得由景林资产投的 1 亿元 C 轮融资。2015 年 6 月，贵人鸟宣布与虎扑体育网、景林资产共同发起创立及管理体育产业基金动域资本，该基金总规模共 20 亿元，由贵人鸟股份先期出资 10 亿元。

2016 年 4 月，证监会在其官网上发布了虎扑（上海）文化传播股份有限公司首次公开发行股票的招股说明书。这意味着，虎扑即将登陆 A 股市场。证监会发布的 IPO 招股说明书显示，截至目前，虎扑的注册资本为 1 亿元，资产合计已超过 3.5 亿元；截至 2015 年底，其净利润超过了 3000 万元。本次 IPO，虎扑将发行占总股本 25% 的股票，约合 3300 万股。

懂球帝是一款以足球资讯和 UGC 内容为主的社区应用软件，

创立于 2013 年。根据懂球帝提供的最新数据，目前 App 有 2860 万注册用户，18 ~ 35 岁的用户占比达到 66. 15%。日活跃用户为 200 ~300 万人，平均每人每日的打开频次是 8 ~ 12 次。其营收主要来自广告收入，恒大、苏宁等公司是其主要客户。截至目前，懂球帝已获得多轮融资：2014 年 2 月，获险峰长青数百万元人民币天使投资；2014 年 5 月，获红杉资本 400 万美元的 A 轮投资；2015 年 9 月，获动域资本 1000 万美元的 B 轮投资；2016 年 8 月，获 3. 5 亿元 C 轮融资，投资方包括天星资本、红杉资本、苏宁等。

除虎扑、懂球帝外，越来越多的体育垂直媒体开始涌现并呈现快速发展的态势。在信息碎片化时代，体育垂直媒体满足了更多细分人群的需求，这也成为它们得以产生并发展的原因所在。而资本 + 技术的推动则进一步激发了体育垂直媒体的活力，它们与此前的媒体平台共同形成了百花齐放、百家争鸣的局面，但毫无疑问，它们终将成为媒体发展的趋势所在。

热　点　篇

Key Issues

B.7

46号文两周年，中国体育产业究竟走到了哪一步？

——从长三角地区体育产业发展看46号文基层落地情况

摘　要：46号文在中国体育产业发展历史上留下了深深的烙印，本文对46号文颁布两周年以来我国体育产业的发展情况进行了梳理与研究。两年来，各地体育产业政策逐渐向基层铺开，市场活力得到激发，民众参与热情空前高涨，市场主体动作不断。但同时仍然存在一些问题：税费问题依然严重，场地缺乏问题未得到根本解决，一些领域依然存在政策壁垒，体育消费水平和质量仍待提高。

关键词：　46 号文　产业统计　体育场地　体育消费

最近两年，是中国体育产业蓬勃发展的两年，你甚至都不用去看具体数字，就能切身感觉到这个行业风起云涌的发展态势。在这两年，我们经历了中超转播权卖出 80 亿元的天价，见证了资本巨擘万达、阿里、华人文化、腾讯、乐视竞相抢占国内外优质 IP，见证了包括国际米兰在内的一个又一个欧洲足球俱乐部被中国资本收购，见证了马拉松产业井喷式发展，见证了万国击剑、宏远时代等体育培训机构获得巨额融资，也见证了以各类体育产业自媒体为代表的体育产业报道的崛起与进步。

不得不承认，真是热闹非凡。回头看看中国体育产业在过去两年走过的路，当然是鲜花掌声一片喝彩，但仔细看看过程中的细节，你就会发现很多东西仅仅是看上去很美。繁华的表象背后，是依然薄弱的消费基础，热闹的投资层出不穷，但资本的凛冬已然悄悄降临。

2014 年 10 月末，国务院《关于加快发展体育产业促进体育消费的若干意见》（以下简称 46 号文）出台，点燃了中国体育产业爆发的引线，从这个时间节点开始，“体育产业”作为一个热词开始频频出现在各大媒体的报道中。从定位上看，体育产业的发展被提高到“让体育产业为中国经济做出更大贡献”的高度，全民健身也上升为国家战略；从时机上看，在 2014 年末，中国经济依然处于高速增长的过程中，资本雄厚，人均 GDP 也首次超过 7000 美元。无论从资本方还是消费方来看都迎来了一个爆发的临界点，因为按照世界银行的衡量标准，当一个地区人均 GDP 达到 8000 美元以上时，其经济发展水平就会被定义为“高收入的发展中国家”，体育产业也将逐步成为支柱产业之一。从实践效果上看，相较于 2010 年国务院的《关于加快发展体育产业的指导意见》（国家层面首次出台专门指导体育产业的政策性文件），46 号文引发的体育产业发展狂潮几乎震惊了所有人。天时地利人和均占，文件出台之后，国家体育总局经济司副司长陈恩堂也第一时间做了解读，他表示：“（文件）将会大大推动体育产业发展，是中国体育史上又一个重大里程碑式事件。”

然而，在两年后，有关税费等关键政策在基层依然没有落地，有利于中国体育产业发展的政策体系依然没有形成，大城市体育场馆和健身用地的供需矛盾依然突出，学校体育设施开放的进度也参差不齐……目前，有些方面也依然仅仅是美好的愿望。

有一些积极的方面，也有一些不尽如人意的方面。46 号文这一关键历史节点上的重要政策文件在中国体育产业发展历史上烙下了深深的痕迹。这两年，是波澜壮阔的两年，也是异常复杂的两年。

在本文中，笔者想用自己的采访经历对中国体育产业近两年的发展进行一定的记述和分析。当然，必须要说明的是，这并不是一篇严格意义上的学术文章，而更像是一篇记者手记。笔者这两年采访体育产业整理出一些思考，希望这些感性认识能够为中国体育产业的下一步发展贡献一份参考。

一 体育产业，对谁都是新话题

当46号文出台的时候，可能大部分体育人对此都不是很了解。从媒体角度而言，从前谈体育产业，往往只是报道一些体育用品公司、体育彩票等，在国家体育总局的官方网站体育产业栏目中，最为活跃的板块依然是“体育彩票”。在体育产业方面，无论是实践还是报道，都没有一个既成的经验，体育部门和媒体的无所适从也从一个侧面反映出了当时人们对于体育产业的某种迷茫。

事实上，大家都很迷茫。

从传统意义上来看，中国体育的产业属性一直没有被释放出来，从国家体育总局到各地方体育局的机构架设，也从来不是为产业化的体育而安排的。

众所周知，新中国成立以来，体育向来是与全民健身以及国家荣誉紧密结合在一起的。1952年国家体委正式成立，各类体育部门先后在各级政府以及工、农、商、学、兵等领域成立。在新中国成立初期，中国体育带有浓厚的计划经济色彩，广播体操在各行业的推广一度是各个体育机构最重要的工作。随着时代的发展，体育在中国的内涵也逐渐丰富起来，除了有全民健身的作用之外，“为国争光”也成为常被提及的口号。1959年，容国团在乒乓球项目上为中国夺得首个世界冠军，一时间乒乓球热席卷全国。除此之外，许海峰的中国奥运首金、女排的“五连冠”均成为时代留给中国的深刻记忆。再后来，从亚运会到奥运会，中国竞技体育大踏步迈进，欣欣向荣。

以上说的这些内容有两个共同特点：第一，是带有鲜明时代特色的中国体育发展轨迹，第二，这些与“产业”基本上没什么关系。事实上，中国的体育产业是随着改革开放以及市场经济的脚步而发展和兴起的，最先开始的是体育用品制造业，而体育服务业更是直到21世纪才初步具有了一定的规模。体育产业不仅仅对于体育人，可以说对于大部分中国人来说都是比较新鲜的事物。

从事体育记者工作多年，笔者平时主要跑篮球和射击这两个项目，大大小小的比赛参与了无数，但真正踏实下来认真研究体育产业也就是近两年的事情。说起个人对体育产业的认识，大概始于2012～2014年驻美期间，当时主要报道的内容是NBA，平均每月发稿中英文加起来100多条，有时候接近200条，对于NBA联盟的认识也发生了很大的变化。NBA不仅仅是场上尽可能做到极致的精彩比赛，还包括比赛背后的系统运营、球星个人IP的打造、推广宣传的细致入微，以及俱乐部相关衍生品的开发等。美国作家海明威曾经形容，冰山之所以显得巍峨雄伟，是因为它只有1/8位于海面之上。当看到了NBA的7/8后，体育产业的一片新天地就此打开。

华盛顿是一个体育文化比较发达的城市，橄榄球、棒球、冰球、篮球甚至足球等项目都有常驻城市的俱乐部队伍，每到周末，带上妻儿、约上朋友，穿上喜爱球队的队服，点一些快餐零食，配着一大扎啤酒，到场地里喊上两三个小时，这恐怕算得上是华盛顿人最为常规的消遣周末的方式，在美国很多其他城市亦是如此。除此之外，随处可见的健身房、发达的体育用品零售体系、每个公园都配有篮球场等体育场地、聚拢百余支球队的县城小学棒球联盟等，都是美国体育产业强大基础的某些体现。

驻美两年，时间尚短，2014 年 10 月回国，正好赶上 46 号文发布，体育产业作为一个门类首次开始有了持续报道的价值。采访报道这两年以来，遇到的体育记者很少，财经记者倒很多，体育产业，终究还是“产业”属性更强一些。

体育产业说到底是一个跨界的行业，无论是从业者还是媒体，搞体育的未必懂产业，搞产业的未必弄得懂体育，大家都是在路上。体育产业，对于大部分人来说都是一个新话题。

二　一周年，政策铺到了省一级

2015 年 12 月，国家体育总局副局长冯建中在国务院新闻办公室对 46 号文印发一年以来的贯彻落实情况进行了总结。在一周年的节点上，46 号文的落地进展主要包括以下几点：①31 个省（区、市）全部出台了本地区的实施意见，政策铺开到了省一级；②体育总局围绕46 号文形成了 15 份配套文件，总局系统内贯彻实施46 号文的政策体系初步形成；③总局大范围清理了不利于体育产业和体育消费的各项审批；④各地体育产业引导资金、体育产业基地等在逐步设立。

从一周年的实践情况来看，46 号文的效果相当令人惊喜，冯建中也用了“可以大书一笔”对此进行了评价。2015 年被很多人称为中国体育产业元年，因为在这一年，不仅政府各部门在政策上给予了体育产业强大的支持，阿里巴巴、腾讯、万达等资本大鳄也都在体育产业领域动作不断，中超版权的“80 亿元天价”也产生在这一年。无论从哪个角度来看，这些成绩都是值得肯定的。

不过，这些成绩远远不是终点，许多问题仍待解决。东城区体育局副局长马力在2015年初曾提出12个基层实践46号文所面临的问题，包括：统计标准不一、场馆事业单位动力不足、校园场地开放遇阻、中心城区人均体育场地面积难以保证、大型赛事安保费用过高、体育场馆各项税费负担重、高尔夫等特殊项目类别划分不清等。这位中国体育产业的“老江湖”曾对记者感慨地说：“体育产业不能只是体育局的产业，北京市关于体育产业的文件牵涉34个委、办、局，跟基层体育局地位平等，体育局没有指挥权，很多问题确实没有办法解决。”

在2015年的10月份，记者去了趟体育产业比较发达的江苏，在省会南京以及苏州、镇江、南通等城市走访了一些体育产业的从业者，了解到的情况也比较复杂。

作为全国经济最发达的省份之一，江苏在体育产业上的布局和谋划非常早。江苏省在2011年就设立了体育产业引导资金，体育用品业由于其外向型经济比重很大而产生了很多优质品牌，服务业也因为其适当的激励政策和民众较高的消费水平而蓬勃发展。

对于46号文，江苏的体育产业人士花了大量精力进行推动，江苏体育产业集团在2015年的成立就是最大的成果之一。这一集团注册资金3.5亿元，业务范围涵盖场馆运营、竞赛表演、新型装备制造、体育工程地产、运动健康管理、体育投资基金等。一个大摊子，需要有强有力的管理和一个高效创新的运营模式，苏体产业集团董事长顾晔说：“体育产业要做大做强，不仅靠体育自身，或者说光靠体育不够，必须跨界融合发展，依托社会方方面面力量和资源。”在成立之后，苏体产业集团的业务突飞猛进，在各个领域均做出了一定的成果，不过还是遇到了税费高、转型难、模式旧、人才缺等实际问题。“我们也经营了一些场馆，一些健身场馆很好，但租金一压下来，压力就很大，土地使用税和房产税，这两块压力大。”顾晔说。

在体育产业的实践方面，江苏可以算作“先锋官”，早在2013年，江苏体育产业增加值达626.11亿元，占江苏GDP比重为1.06%，这也是该省体育产业占比首次破“1”。2013年，江苏的人均体育场地面积为2.01平方米，已经超过了46号文定下的到2025年全国人均2平方米的目标，另外，体育产业引导资金等地方性体育产业政策也做得相对到位。起步早、发展快、体量大、门类全，这是江苏体育产业的几大特征，江苏省体育局局长陈刚表示：“江苏是第一个提出超过5000亿元目标的省份，这不是数字游戏，和统计也无关。一是说明信心足，二是对体育产业需求有充分估计。”

46号文一周年之际，这一体育产业发达省份的政策落实情况也有着自己的困难。一位熟悉江苏体育产业的人士在2015年对记者说：“46号文的主要目的是给一些政策，着眼于推进改革更多一点，但很多政策还没落地，有一些也不痛不痒，更多可能是后者。”该专家表示，目前中国的体育产业实质上是一个供给问题，现有的竞赛市场满足不了市场需求，所以即便在人均消费能力很强的江苏，竞赛表演业等服务业的发展也并不算充分。“体育产业供给到底是谁来提供？我们经常性习惯性依赖政府，但这不是说建个体育馆就行，还需要很多工作。社会资本来做体育产业，不是来做公共事业的，而是要产业化的，所以我们的政策必须要让社会资本有充分发展的空间。适合市场化的项目可以交给市场，政府要大度一点。多调动有兴趣的人和企业的积极性。有些东西就应该让市场来做。”该专家说。

其实，说到体育产业，绕不开的一个基础问题就是统计，事实上，中国到目前为止依然没有一个专门针对体育产业的专业细分的统计系统，很多数值都是根据以前的数据估算的，与实际数字必然产生偏差。在2016年3月的全国“两会”上，体育产业成为政协体育组讨论的最热话题之一，体育产业专家马继龙在会上就曾经提出过体育产业统计问题，他表示：“现在我国在体育产业统计方面没有一个很好的数据，而加快体育产业的健康发展，首先要有一个科学的数据做指导。”

2015年，笔者还去了福建、甘肃等地进行了一些走访，虽然各地的基本情况有所不同，但46号文在市、县一级的落实都基本上还没有实质性铺开。

各方观点梳理起来，中国体育产业在46号文一周年节点上遇到的主要问题包括（但不限于）：①因为产权、基本法规等问题，体育赛事办赛主体没有市场化。②职业俱乐部“半职业”问题没有解决，政府和市场这两方面的力量应该充分调动起来。③赛事审批取消之后，大型体育活动、体育赛事如何监管是重大问题，政府依然需要把“管理”变成“服务”。④存在一定的“政府有项目缺资金，企业有投资欲望不知如何投资”的信息鸿沟，需要一个更高效的平台进行联络和对接。

一周年，可以说是这一政策“下沉”的过渡一年，体育产业表面上红红火火，但一些基层的、实际的问题和一些体制机制问题仍然没有得到解决。

三　两周年：大步跨越，问题仍多

在46号文出台两周年之际，我和同事们又在长三角的三个重点城市——杭州、上海、南京进行了实地走访。两周年，大家都往前迈进了一大步，大家也都遇到了一些新问题。

在体制机制改革方面，长三角地区有些让人印象深刻的案例。在杭州，标志性的黄龙体育中心在经历了大刀阔斧的人事改革后焕发出强大生机。据中心主任赵荣良介绍，从2013年至今，中心经历了三轮改革，工作人员从250多人减少到现在的150人，但无论从业务种类、健身人群的人数还是效益上来看都有了非常大的提升。“把社会效益做好，人气就是效益，最终实现经济效益与社会效益共同提升。”赵荣良说。

在上海，市民运动会65个项目3880场比赛的承办权委托上海联合产权交易所招投标，此举的目的是让社会组织、俱乐部有展示自己的舞台，让那些自视甚高又能力不足的单项协会因为竞争失败而“红红脸、出出汗”。各个单项协会与社会办赛组织同场竞技，结果60%的赛事和活动被企业市场化主体和社会化主体拿到。办赛权放开后，市民运动会收到了极为红火的效果。

在南京，国有控股的苏体产业集团在成立一年多以来已经基本完成了在体育产业各个领域的布局，以此为代表的南京体育产业也在基础、标准、统计、监督等方面有了诸多的创新和突破。

从整体上看，长三角地区近两年的体育产业发展势头非常迅猛，亮点颇多，不过有些问题依然存在。

首先是统计，上文提到目前中国体育产业依然没有一个确切的数字，很多都是估算，这方面在长三角地区要乐观得多。浙江从2010年开始全面进行体育产业统计；上海体育局联合税务等多个部门进行了一次摸底调查，对于上海体育产业的情况也做到了心中有数；南京在江苏省率先着手进行体育产业统计，也同时联合了统计等部门，并引入第三方监督，工作做得相当扎实，不过，这些统计依然只限于当地，在全国范围内可以参照和比照的其他统计数据并不多。“统计其实应该是自上而下的，从全国范围来看，很多数字才能有意义。”浙江一位体育产业从业者说。2015年9月，以《国民经济行业分类》（GB/T 4754－2011）为基础制定的《国家体育产业统计分类》公布实施，希望在这份文件的基础上，中国体育产业能够尽早摸清家底，找准定位。

其次是场地，作为经济发达地区，长三角的人均体育场地数据高于全国的平均水平，不过，在人口稠密的大都市，场地的缺乏依然是体育产业向前迈进的主要瓶颈之一。上海对此问题从存量和增量两方面提出了解决方案，杭州和南京也在校园体育场地开放、体育系统资源配置优化等方面进行了一些尝试，但在目前全社会对健身的需求不断增加的大背景下，健身场所不够、体育用地缺少的问题依然存在。

此外还有税费问题，在46号文出台两年后，大型体育场馆的水电等费用依然高昂，这给市场主体运营体育场馆带来了很重的负担。另外，由于体育服务的消费市场需要培育，在一定时期内大众的消费能力和消费意愿需要有一个提升的过程，因此体育产业发展必须有一个较为长期的规划，但目前很多健身、体育培训行业的从业者感到税费和租金的压力巨大。在这方面，长三角地区的各部门都没有太好的解决办法，“有关税收的问题，地方政府能做的空间不是很大。”一位体育产业专家直言。

另外，人才缺乏、政府部门定位等问题，依然存在于各地的体育产业发展进程中。

一花一世界，一叶一菩提，体育产业的发展离不开社会整体环境，离不开国家全局的经济政策，所以体育产业面临的很多问题，需要通过全盘考虑才能解决。2016 年 10 月，国务院办公厅印发了《关于加快发展健身休闲产业的指导意见》，对以健身休闲为代表的体育产业提出了进一步的要求和目标，体育产业的某些领域将因为这一重要文件而获得更好的发展机遇。

体育产业已经火了两年，但从各方反应来看，基础依然比较薄弱。从媒体报道的角度来看，大家更多关注投资方，关注概念，关注创新，但体育产业最终依靠的还是千千万万普通大众的消费，而在当前中国并没有形成足够庞大的体育消费人群的时候，很多设想、规划、布局、刺激等动作，都只不过是在纸上谈兵。回头再看看 46 号文的名称，叫作《关于加快发展体育产业促进体育消费的若干意见》，明明白白将“促进体育消费”摆在了如此重要的位置，但人们往往只看到了“发展体育产业”，却对“促进体育消费”有意无意忽视了。

至于提高大众体育消费能力的方法，实在是没有捷径，因为职业体育和体育产业对于中国来说都是新生事物，要形成像欧美发达国家一样的体育消费文化尚需时日。只有这些消费发展起来了，中国的体育产业才能够真正有长成参天大树的深厚土壤。打个比方，无论是政府政策，还是资本投资，对于行业来说都是一种催化剂，但真正的化学反应仅仅靠催化是不够的，需要实实在在地把原料准备好，把环境温度调配好，只有这样期待中的反应才能顺利进行。

从体育事业到体育产业，无论是体育圈还是产业圈都需要时间来学习总结。某种程度上，因为体育产业这些“跨界”的特殊性，所以在更多层面上看都处于这样那样的夹缝中，打破壁垒、逃离夹缝、找到成熟的发展之路，这是下一步体育产业的从业者们所要面临的挑战。

46 号文发布两周年，中国体育产业究竟走到了哪一步？目前依然没有一个特别官方的解读。在笔者看来，一方面，各地政策逐渐向基层铺开，市场活力得到激发，民众参与热情空前高涨，市场主体动作不断。另一方面，税费问题依然严重，场地缺乏问题未得到根本解决，一些领域依然存在政策壁垒，体育消费水平和质量仍待提高。当然，因为很多问题涉及甚广，必然不是靠体育部门一家就可以解决的，也必然不是靠一个文件就可以解决的。

从主流上看，46 号文对于体育产业的促进作用还是相当明显的，随着中国经济水平的不断提高，新一代年轻人的消费能力和消费观念也在不断提高，很多问题虽然非常深刻复杂，但通过时代的变迁、经济的发展或许能够逐渐找到破解之路，希望通过不断的探索积累，中国体育产业真正的黄金时代能尽早到来。

B.8

中国足球发展评价：指标体系构建与实证分析

摘　要： 为了更好地贯彻落实《方案》与《规划》的要求，建立起长期跟踪我国足球发展的信息平台，客观呈现我国足球发展水平，本文在对《方案》与《规划》及我国足球发展的实际情况进行定性分析的基础上，设计了包含3个一级指标、8个二级指标及32个三级指标的足球发展评价指标体系，并以2016年赛季16支中超球队所在的14个城市为例，采用综合评价方法对各城市的足球发展总体水平进行了定量化分析，结果显示各城市足球发展的总体水平不高，足球赛事是推动城市足球发展的核心力量，足球场地设施和足球后备力量培养都比较薄弱。

关键词： 足球发展　评价指标体系　综合评价

2016年4月，由国家发展改革委、国务院足球改革发展部际联席会议办公室、国家体育总局、教育部共同编制的《中国足球中长期发展规划（2016～2050年）》（以下简称《规划》）向社会公布，该文件是继 2015 年《中国足球改革发展总体方案》（以下简称《方案》）后，又一项有关中国足球发展的国家层面上的纲领性文件。《规划》不仅明确了足球作为“全民健身的重要事业、国民经济的重要产业、体育强国的重要基石、民族精神的重要载体”的战略定位，还为中国未来 35 年的足球发展拟定了短期、中期和长期三个阶段的时间表，并从制度构建、人才培养、场地设施建设、赛事活动、足球产业、足球文化、足球开放七个方面对不同发展阶段的目标进行了任务分解。

从《方案》到《规划》，两份纲领性文件为中国足球未来的发展方向设计了清晰的路线图，社会各界也对中国足球的未来发展有了更多的期盼。但是，如何及时掌握各地政策的执行情况，如何得知政策的成效，这就需要对目标任务的落实情况进行实时跟踪，以便获得实时的政策执行反馈，为社会各界通过“目标－现状”的比较去客观评判中国足球发展取得的成效提供客观依据。

话说“能衡量才能把握”，为了更好地贯彻《规划》提出的目标任务，落实关于“建立动态跟踪监测和考核评估机制，确保责任落实到位、建设任务顺利推进、规划目标如期实现”的监督评价工作要求，本文采用综合评价方法，以《规划》中提及的足球产业发展目标为参照，构建了中国足球产业发展评价指标体系，并根据广泛的数据资料搜集，对 2016 年度 16 支中超足球俱乐部所在的 14 个城市的足球发展水平进行了评价。管理决策部门可通过评价结果综合判断各城市足球发展存在的问题，对足球发展实施有效的监督，及时采取措施纠偏，及时弥补，及时完善，从而提高管理决策的效率。

一　中国足球发展评价指标体系构建的意义

（一）有利于全面展示足球的发展水平

足球发展评价指标体系以《规划》提出的足球发展目标为依据，从足球竞赛表演、足球场地设施、足球后备力量培养三个方面对城市足球发展进行全面综合评价。评价结果是对多个指标的整合和综合，可避免使用单一评价指标带来的评价结论偏差，使评价结果更具客观性和科学性。

（二）有利于促进足球发展的信息化建设

在国家政策的引导和鼓励下，全国各地都纷纷加大了对足球的投入，但是对取得的成效却并未充分重视和关注。究其原因，这不仅与我国足球发展缺乏完善的信息搜集与统计制度有关，同时也与我国足球发展缺乏成熟统一的评价体系相关。因此，在人们对足球发展关注度不断升高的情况下，通过评价不仅可以对足球发展相关的信息进行系统搜集，而且还可以建立长期的信息跟踪调查系统，以减少管理部门做决策时的不确定因素，为提高行政管理效率提供方便。

（三）有利于社会各界了解足球的发展状况

评价的目的就是以数据为基础，借助评价工具对事物的发展状况进行展示。评价结果的传播强化了足球发展的信息公开，不同的人可以从评价结果中了解哪些问题解决了，哪些问题还存在风险。这样不仅可以为社会各界提供评判足球发展效果的讨论依据，还可以激发社会各界为解决足球发展中的重要问题提供政策性建议。

二 中国足球发展评价指标体系构建

（一）构建原则

1. 代表性

足球发展涉及的范围较广，需要从多个维度获取不同指标的信息。能够体现足球发展具体评估对象特性的指标非常多，指标是否被纳入评价，不可以主观认定。过多的指标不仅会给评价造成混乱，同时也会影响其他指标的权重，对评价结果的真实性造成影响；较少的指标又会导致信息缺失，对评价结果的全面性造成影响。因此，在选择指标时一方面需要考虑足球发展的实际；另一方面可结合相关的定量分析方法对指标进行筛选，尽量挑选一些能切实反映足球发展状况的具有代表性的指标。

2. 可操作性

构建评价指标就是为了运用于实践操作中，因此指标体系应该尽可能简单、精练，且便于数据采集。在不影响评价结果的前提下，可以缩短并简化计量、处理、评定等测评工作，提高评价的工作效率。

3. 数据可获取性

是指选取的指标信息可以用数据量化的形式表示，并且数据可以通过一定的方法手段获得。一些量化的数据要求以相关的统计资料作为基础，这是进行评价的关键。对于缺乏统计数据的定性指标可以采用评分法，可利用专家意见实现近似量化。

4. 科学性

指的是要在科学的理论和方法的指导下选取指标，保证指标选择客观性，不可主观臆断。可以以既有的研究成果和政策文本为基础，找到合适的评价维度，然后基于评价维度，分别设置不同层级的评价指标。另外，对同一层次的指标，应该满足可比性的原则，即具有相同的统计口径、计算方式，指标取值时尽量采用相对值而非绝对值。

（二）指标体系构建

指标体系构建包括维度设计与指标选取。指标体系是对评价对象进行评价时的标准和依据，因而在指标选择时需要综合考虑各方面信息，以全面反映评价对象的整体状况。《方案》对中国足球发展的宏观设计以及《规划》对足球发展提出的七个方面的具体任务，为中国足球发展评价指标体系构建提供了很好的依据。

2015 年 2 月发布的《方案》，提出了足球发展的近期、中期、远期目标，从足球管理体制、青少年足球人口培养、职业足球俱乐部建设、职业联赛体系、足球场地设施、足球投入等九个方面设计了未来足球发展的路线图①。2016 年 4 月发布的《规划》从制度体系建设、人才队伍培养、足球场地设施建设、足球赛事活动、足球

① 《中国足球改革发展总体方案》。

产业、足球文化、足球对外开放七个方面为未来我国的足球发展指明了方向①。

从《方案》与《规划》的内容中可以看出，足球发展涉及的范围非常广泛，不仅包括足球赛事、足球培训等核心内容，而且还包括管理制度建设、足球场馆设施、足球用品的设计、研发、制造及销售以及足球与旅游、住宿、建筑、餐饮等其他行业相融合的部分。如此宽广的业务领域在实施评价时给指标的选择工作带来了很大的挑战。

综合《方案》与《规划》的总体内容，结合前文所述的指标体系的构建原则，本文从足球竞赛表演、足球后备力量培养、足球场地设施三个维度对足球发展进行评价。三个维度中足球竞赛表演是核心，足球竞赛表演在发展壮大的过程中必然会对其余两个维度的内容产生直接或间接的影响。从国外职业足球发展的历程可以发现，职业足球联赛，尤其是商业化运作水平较高的职业联赛对潜在足球参与者的吸引力、对媒体参与足球文化传播的主动性、对地方政府修建足球场地设施的积极性都具有重要作用。

虽然上述三个组成部分并未涵盖所有与足球发展相关的内容，但是毋庸置疑上述三点是足球发展的主体部分，而且活动的内容容易观察和界定，因此有助于在实践中对足球发展展开评价。

为了体现评价指标的实用价值，本文在《方案》与《规划》的基础上，结合专家意见，共设计了 3 个一级指标、8 个二级指标和 32 个三级指标，具体的指标内容见表 1。

---

① 《中国足球中长期发展规划（2016～2050 年）》。

表1　中国足球发展评价指标体系

一级指标	二级指标	三级指标	指标数据获得方式说明
足球竞赛表演	赛事水平	教练员总数(人)	依据俱乐部统计资料
		外籍教练数(人)	依据俱乐部统计资料
		本土教练数(人)	依据俱乐部统计资料
		教练员执教水平	依据俱乐部统计资料
		运动员总数(人)	依据俱乐部统计资料
		外籍运动员数(人)	依据俱乐部统计资料
		本土运动员数(人)	依据俱乐部统计资料
		俱乐部合作企业数(家)	依据俱乐部统计资料
		俱乐部资金投入(元)	依据俱乐部统计资料
		俱乐部联赛年度成绩(分)	依据俱乐部统计资料
	赛事关注度	赛季观众总数(人)	依据赛事统计资料
		场均上座人数(人)	依据赛事统计资料
		参与报道媒体数量(家)	依据赛事统计资料
		参与报道的媒体级别	依据赛事统计资料
		赛事新闻报道数目(条)	依据赛事统计资料
		赛事新闻播出时长(分钟)	依据赛事统计资料
	赛事收入	赞助收入(元)	依据赛事统计资料
		电视转播权收入(元)	依据赛事统计资料
		门票收入(元)	依据赛事统计资料
		纪念品销售收入(元)	依据赛事统计资料
		特许商品销售收入(元)	依据赛事统计资料
足球场地设施	场地规模	场馆数量(个)	依据第六次全国体育场地普查资料
	场地面积	场地总面积(平方米)	依据第六次全国体育场地普查资料
		万人均场地面积(平方米/万人)	依据第六次全国体育场地普查结果计算
足球后备力量培养	后备力量培养	足球学校(所)	依据地方足协官网公布数据
		足球学校招生人数(人)	依据地方足协官网公布数据
		校园足球特色学校数量(所)	依据教育部官网公开发布资料
		校园足球试点学校参与足球学生人数(人)	依据媒体公开报道

续表

一级指标	二级指标	三级指标	指标数据获得方式说明
足球后备力量培养	教练员培训	培训次数（次）	结合地方足协官网及体育局官网公开发布资料
		参训人数（人）	结合地方足协官网及体育局官网公开发布资料
	裁判员培训	培训次数（次）	结合地方足协官网及体育局官网公开发布资料
		参训人数（人）	结合地方足协官网及体育局官网公开发布资料

三　城市足球发展水平综合评价——基于2016赛季中超联赛俱乐部所在城市的分析

（一）样本选取

中超联赛自2004年举办以来，每个赛季共有16家职业足球俱乐部参赛，根据中国足球协会官方网站公布的资料，每年参赛的职业足球俱乐部所在城市分布都有所变化（见表2）。囿于目前有关足球发展统计数据的缺乏，考虑到指标数据的可得性以及研究的可行性，本文仅选取2016年参加中超联赛的16支球队所在的14个城市作为样本进行评价。由于部分指标的数据获取存在较大难度，在计算过程中一些具有代表性的指标不得不遗憾舍弃，最后纳入计算的二级指标有7个，三级指标19个，各指标的取值与权重情况见表3。二级指标与三级指标的权重值采用层次分析法计算得出。

表 2　中国足球超级联赛俱乐部所在城市统计（2010～2016 赛季）

2010 赛季		2011 赛季		2012 赛季		2013 赛季		2014 赛季		2015 赛季		2016 赛季	
俱乐部名称	所在城市	俱乐部名称	所在城市	俱乐部名称	所在城市	俱乐部名称	所在城市	俱乐部名称	所在城市	俱乐部名称	所在城市	俱乐部名称	所在城市
北京国安	北京	山东鲁能	济南	广州恒大	广州	广州恒大	广州	广州恒大	广州	广州恒大	广州	广州恒大淘宝	广州
长沙金德	长沙	天津泰达	天津	北京国安	北京	江苏舜天	南京	山东鲁能	济南	北京国安	北京	上海上港	上海
大连实德	大连	上海申花	上海	辽宁宏运	沈阳	北京国安	北京	北京国安	北京	广州富力	广州	山东鲁能	济南
杭州诺贝尔绿城	杭州	杭州诺贝尔绿城	杭州	江苏舜天	南京	贵州人和	贵阳	贵州人和	贵阳	山东鲁能	济南	北京国安	北京
河南建业	郑州	北京国安	北京	山东鲁能	济南	大连阿尔滨	大连	大连阿尔滨	大连	上海上港	上海	河南建业	郑州
江苏舜天	南京	大连实德	大连	青岛中能	青岛	长春亚泰	长春	广州富力	广州	贵州人和	贵阳	上海申花	上海
辽宁宏运	沈阳	辽宁宏运	沈阳	长春亚泰	长春	广州富力	广州	上海申鑫	上海	天津泰达权健	天津	石家庄永昌	石家庄
山东鲁能	济南	河南建业	郑州	杭州诺贝尔绿城	杭州	天津泰达	天津	上海绿地申花	上海	江苏舜天	南京	重庆力帆	重庆

续表

2010 赛季		2011 赛季		2012 赛季		2013 赛季		2014 赛季		2015 赛季		2016 赛季	
俱乐部名称	所在城市	俱乐部名称	所在城市	俱乐部名称	所在城市	俱乐部名称	所在城市	俱乐部名称	所在城市	俱乐部名称	所在城市	俱乐部名称	所在城市
南昌衡源	南昌	长春亚泰	长春	贵州人和	贵阳	上海申花	上海	上海上港	上海	上海绿地申花	上海	江苏苏宁	南京
青岛中能	青岛	江苏舜天	南京	天津泰达	天津	辽宁宏运	沈阳	辽宁宏运	沈阳	辽宁宏运	沈阳	长春亚泰	长春
陕西中建地产	西安	陕西人和	西安	大连实德	大连	杭州绿城	杭州	天津泰达	天津	上海申鑫	上海	杭州绿城	杭州
上海申花	上海	深圳红钻	深圳	上海申花	上海	山东鲁能	济南	杭州绿城	杭州	杭州绿城	杭州	辽宁宏运	沈阳
深圳红钻	深圳	南昌衡源	南昌	河南建业	郑州	青岛中能	青岛	江苏舜天	南京	长春亚泰	长春	广州富力	广州
天津康师傅	天津	青岛中能	青岛	上海申鑫	上海	上海东亚	上海	长春亚泰	长春	河南建业	郑州	天津泰达	天津
长春亚泰	长春	广州恒大	广州	大连阿尔滨	大连	武汉卓尔	武汉	河南建业	郑州	重庆力帆	重庆	延边富德	延吉
重庆力帆	重庆	成都谢菲联	成都	广州富力	广州	上海申鑫	上海	哈尔滨毅腾	哈尔滨	石家庄永昌	石家庄	河北华夏幸福	秦皇岛

表3　14个城市足球发展状况评价指标与取值

一级指标	二级指标	三级指标	三级指标权重	广州	南京	上海	北京	秦皇岛	重庆	延边	天津	沈阳	长春	郑州	济南	杭州	石家庄
足球竞赛表演(0.392)③	赛事水平(0.500)	教练员总数(人)	0.259	12	4	11	5	4	6	5	5	5	6	4	5	8	5
		外籍教练数(人)	0.101	11	4	9	0	4	4	3	3	0	3	2	5	5	4
		本土教练数(人)	0.134	1	0	2	5	0	2	2	2	5	3	2	0	3	1
		运动员总数(人)	0.224	60	30	60	30	30	30	30	30	30	30	26	30	30	30
		外籍运动员数(人)	0.090	10	5	10	5	5	5	5	5	5	5	5	5	5	5
		本土运动员数(人)	0.073	50	25	50	25	25	25	25	25	25	25	21	25	25	25
		俱乐部合作企业数(家)	0.081	24	7	17	20	*14*②	9	3	10	*14*	12	11	19	21	17
		俱乐部联赛年度排名积分(分)①	0.037	27	15	27	12	10	9	8	7	6	5	4	3	2	1
	赛事关注度(0.500)	赛季观众总数(万人)	0.259	77.30	54.98	73.74	50.25	31.21	56.95	28.96	25.66	31.65	22.80	25.92	26.57	19.90	33.78
		场均上座人数(万人)	0.101	5.15	3.67	7.92	3.35	2.08	3.80	1.93	1.71	2.11	1.52	1.73	1.77	1.33	2.25

续表

一级指标	二级指标	三级指标	三级指标权重	广州	南京	上海	北京	秦皇岛	重庆	延边	天津	沈阳	长春	郑州	济南	杭州	石家庄
足球场地设施（0.278）	场地规模（0.500）	场馆数量(个)	0.500	250	23	252	193	242	107	30	61	83	32	24	22	45	29
		万人均足球场地数量(个/万人)	0.500	0.30	0.04	0.23	0.09	0.04	0.04	0.14	0.04	0.23	0.04	0.03	0.03	0.06	0.03
	场地面积（0.500）	场地总面积（万 m^2）	0.500	82.86	5.61	61.36	65.04	21.47	23.82	15.20	21.30	26.77	13.12	12.68	5.17	7.81	21.47
		万人均场地面积(m^2/万人)	0.500	983.59	86.44	555.99	302.28	307.53	78.97	711.50	137.72	726.31	168.30	166.78	73.18	107.90	213.18
足球后备力量培养（0.330）	校园足球（0.411）	校园足球特色学校数量(所)	1.000	26	16	50	80	5	154	31	35	21	18	72	17	19	39
	教练员培训（0.312）	培训次数(次)	0.500	3	*10*	20	31	*10*	13	2	8	8	*10*	1	*10*	2	*10*
		参训人数(人)	0.500	72	*282*	557	921	*282*	366	44	192	232	*282*	30	*282*	120	*282*
	裁判员培训（0.277）	培训次数(次)	0.500	*5*	*5*	1	13	*5*	4	*5*	4	*5*	*5*	1	*5*	*5*	*5*
		参训人数(人)	0.500	*228*	*228*	24	523	*228*	372	*228*	120	*228*	*228*	100	*228*	*228*	*228*

①竞赛成绩计分依据各职业足球俱乐部在中超联赛中取得的名次进行赋值，排名第一得分为16，排名第二得分为15，依次类推，排名倒数第一得分为1。一个城市有两支中超球队（如北京、上海）的，就将两个队的得分加总。

②虽然研究过程中，通过各种公开途径对指标数据进行了大量搜寻，但是仍有部分数据未能找到，在计算时采用了平均值进行替代，替代后的数据在表格中用带下划线斜体字表示。

③括号内数据是指标的权重值。

（二）计算方法

利用表3的评价指标及数据，采用多指标综合评价中的线性加权和法对足球竞赛表演、足球后备力量培养、足球场地设施三个维度下的指标值进行了加总计算；俱乐部年度排名成绩（分）的评价采用主观赋值方式（赋值说明见表3末尾标注部分）。考虑到互联网时代的信息获取主要以网络为主，而官方网站又是信息发布的主要阵地，人们对官网发布的信息的权威性、可靠性、真实性认可度都相对较高，因此指标数据的获取大多依赖于对14个城市的足球协会网站、足球俱乐部网站、体育局网站的搜寻。最后对数据进行聚合的计算过程如下。

首先，对指标进行无量纲化处理。由于指标体系中各个指标的单位、形式均不相同，无法直接进行合成比较。因此，首先需要对指标进行无量纲化处理。指标无量纲化处理的方式有很多，包括相对化处理法、功效系数法和标准分数法等。根据本文研究的需要，在对三级指标数据进行无量纲化处理时，采用了极差变化法，统一将指标的数值统一规范化到［0～100］内，计算公式为：$x_{ij}' = \frac{x_{ij} - \min(x_{ij})}{\max(x_{ij}) - \min(x_{ij})} \times 40 + 60$，其中，$x_{ij}'$、$x_{ij}$分别为第$i$个城市在第$j$项指标的无量纲值与实际值，$\min(x_{ij})$、$\max(x_{ij})$为指标$x_{ij}$的最小值和最大值。

其次，选用模型对指标值进行合成。常见的合成模型有线性加权模型（加权算术平均合成模型）、非线性加权模型（加权几何平均合成模型）。由于不同的模型都有各自的原理和优劣，不能单一地认为某种合成模型是好还是差，研究者只能根据研究对象的特征和研究目的选择相应的合成方法。考虑到当前各地足球发展在每个指标取值下可能都有强有弱，即便是部分指标的表现弱一些，只要有一些指标有优势也可以对整个地区足球的发展环境起到促进作用，因此，为了体现“取长补短”的功效，本研究选择了线性加权合成模型自下向上逐级加总各指标的得分，最终得出 14 个城市在三个客观指标取值上的评价得分。具体计算公式为：$H = \sum_{i=1}^{n} w_i \sum_{j=1}^{m} w_{ij} x_{ij}'$，其中，$H$ 为足球发展综合评价值，i 为足球发展评价的维度数目，本文中 $n=3$；m 为第 i 类维度的指标个数；w_i 为第 i 类维度相对于评价目标的权重，且 $H = \sum_{i=1}^{n} w_i = 1$，$x_{ij}'$ 为第 i 城市在第 j 项指标上的无量纲化值；w_{ij} 为第 j 项指标在第 i 类维度中的权重，且 $H = \sum_{j=1}^{m} w_{ij} = 1$。

（三）结果分析

采用上述计算方法，对 14 个城市足球发展状况进行测算后，得出各城市的足球发展评价结果（见表 4）。

表 4　14 个城市足球发展综合评价值及排名

单位：分

城　市	足球竞赛表演评价值	足球场地设施建设评价值	足球后备力量培养评价值	综合评价值	综合评价值排名
上　海	37.76	25.68	23.96	87.40	1
广　州	36.76	27.70	22.10	86.56	2
北　京	29.06	23.61	30.31	82.98	3
重　庆	29.33	19.39	28.56	77.27	4

续表

城市	足球竞赛表演评价值	足球场地设施建设评价值	足球后备力量培养评价值	综合评价值	综合评价值排名
秦皇岛	25.78	23.26	22.28	71.32	5
沈　阳	26.81	20.89	22.63	70.32	6
石家庄	26.51	17.83	23.52	67.86	7
南　京	28.19	16.73	22.68	67.60	8
延　边	25.78	19.15	22.14	67.08	9
天　津	25.63	18.36	22.56	66.55	10
长　春	25.82	17.47	22.75	66.04	11
杭　州	26.40	17.41	21.88	65.69	12
济　南	25.68	16.65	22.72	65.05	13
郑　州	25.04	17.25	22.52	64.81	14
均　值	28.18	20.10	23.61	71.90	—

1. 城市足球发展水平总体偏低

从表4可以看出，排名前三的三个城市（上海、广州、北京）综合评价得分均在80分以上，其中上海和广州两个城市在综合评价值得分与足球竞赛表演评价上的得分相比其他城市都较高，这应该与两个城市在2016赛季中超联赛中各自都有两家职业足球俱乐部入选存在很大关联，当本地有多个球队参加比赛时，必然会提升当地百姓对职业联赛的关注度，也会间接吸引更多对足球运动感兴趣的人，长此以往就会为足球发展打下很好的群众基础，从而成为当地足球发展的重要推动力量。14个城市中只有4个城市的足球发展综合评价值高于平均值（71.90），其余10个城市的综合评价得分都在平均值之下，说明14个城市的足球发展总体水平并不理想。

2. 足球赛事是推动城市足球发展的重要力量

图1显示了14个城市在足球竞赛表演、足球场地设施建设、

足球后备力量培养3个一级指标上的情况，通过比较可以发现，足球竞赛表演在各城市开展的情况总体优于足球场地设施建设和足球后备力量培养，足球竞赛表演得分最高的是上海和广州，得分均在30分之上。这与两个城市拥有两家挺进中超联赛的职业足球俱乐部不无关系，与两个城市良好的足球发展基础也有很大关系。无论是在曾经的甲A时期，还是在如今的中超时代，几乎都可以看到来自上海和广州的职业足球俱乐部的身影。

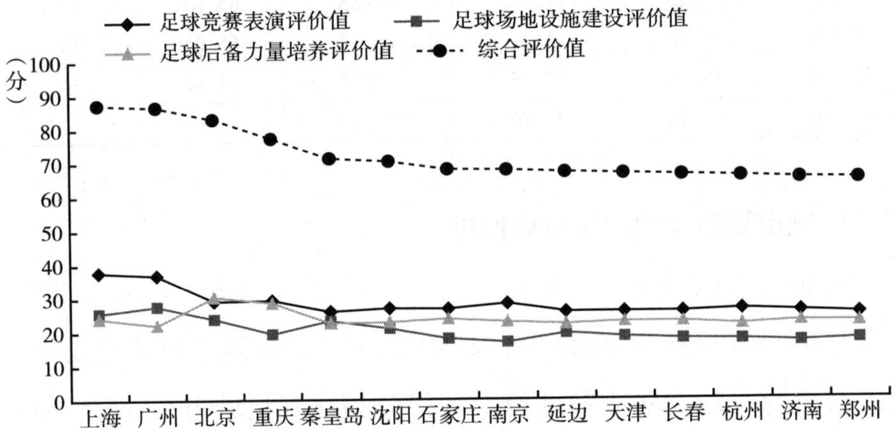

图1　14个城市足球发展水平对比

3. 足球场地设施建设及足球后备力量培养工作急需加强

足球场地设施建设的评价得分在3个一级指标中是最低的，足球后备力量培养得分处在第二位。从单向指标的城市间横向比较发现，广州足球场地设施建设得分最高，其次是上海，再次是秦皇岛，剩余11个城市的足球场地设施建设评价得分与足球竞赛表演评价得分及足球后备力量培养评价得分相比，都是最低的，说明城市足球场地设施建设是薄弱环节。场地设施作为足球发展的基本保障，其重要性不言而喻，没有足够多的足球场，足球的普及就无从谈起。但是，据全国第六次体育场地普查公报数据显示，全国新建三大球场地中，足球类场地[①]数量为0.71万个，场地面积2136.99万平方米，如果按照国家统计局公布的2015年全国人口总数13.7349亿人计算，每万人拥有的足球场地数量0.05个，人均足球场地面积为0.015平方米。本文评价的14个城市中，仅有广州、上海、北京、延边、沈阳、杭州六个城市高于全国平均水平，其余城市的万人均足球场地面积均在全国平均水平之下。2016年5月出台的《全国足球场地设施建设规划（2016～2020年）》提出，到2020年全国足球场地数量超过7万块，平均每万人拥有足球场地达到0.5块以上，有条件的地区达到0.7块以上，相信在政策的推动下，我国的足球场地设施面积会有所增加，人们再也不用为踢球时找不到便捷可达的球场而苦恼。

足球后备力量培养评价得分排名前三的分别是北京、重庆、上海。除了北京之外，其余城市的得分都在30分以下，总体上说明各城市的足球后备力量培养状况均不理想。据每日经济新闻的报道，邻国日本青少年注册球员在2013年时就超过74万人，而同期中国所有注册球员加起来只有3万多人[②]。《中国足球中长期发展规划（2016～2050年）》提出，要加快发展校园足球，力争到

① 足球类场地包括十一人制足球场、室外五人制足球场、室外七人制足球场和室内五人制足球场，不包括体育场和田径场环形跑道内的足球场。

② 《周恒3亿身价的恒大败给1亿的日本冠军：东京公共足球场113处，广州仅15个》，每日经济新闻，http://www.nbd.com.cn/articles/2015-12-20/971743.html。

2020年，全国特色足球学校的数量达到2万所，中小学生经常参加足球运动的人数超过3000万人，全社会经常参加足球运动的人数超过5000万人，相信随着校园足球的不断推进，学生及家长对足球运动的认同会不断增强，也会不断培育出更多的足球爱好者和足球人才。

四 建议

（一）加大后备力量培养力度

只有源源不断的后备力量输入才能让足球运动可持续发展并保有活力。校园足球作为青少年足球运动员培养的重要阵地，现正在全国各地不断铺开。各地足球特色学校的建设、青少年足球培训基地的发展成为足球后备力量培养的重要平台。如何让政策的效果满足政策制定者最初的预期，这就需要增强各方利益主体对政策价值的认同。让更多人参与足球运动，不应仅仅停留在有利于提高身体素质和健康水平的价值层面，而应该将背后蕴含的多元价值功能贯穿于政策实施过程中。应将其视作培养团队协作、遵守道德规范、提高自我抗压能力的重要途径加以引导，应该将其视作丰富业余生活、拓展社会交往的一种健康生活方式加以推广，将其视作维护社会稳定、促进国际交流、促进人的全面发展的重要载体加以宣传。这样就会不断获得家长和社会的认同和支持，吸引更多的人参与到足球运动中，收获足球带来的价值和快乐。

（二）增加可及性足球场地设施供给

据第六次全国体育场地普查结果显示，我国集中在教育系统的体育场地设施数量有66.05万个，场地面积达10.56亿平方米，分别占总数的38.98%和53.01%。这意味着在倡导学校体育场地设施向社会开放的政策执行效果并不理想的情况下，社会人员要想顺利地到校园的球场上踢球是很困难的。其原因在于学校出于在校生安全、场地维护成本、安全成本等因素考虑，不太情愿将校内体育场馆资源向社会开放。另外，一些地处学校之外的公共体育场馆要么所处地理位置远离居民生活区，要么因开放成本过高常年紧闭，这让百姓从事足球运动的欲望大大降低。因而，在新建足球场馆时，应充分考虑场馆所在地理位置辐射的人群数量，力争为更多的社会人士提供可达性更高的场地设施。在一些地方如果因为土地资源获批受限，不宜新建足球场地设施时，可因地制宜地将一些废弃的荒地、废旧的厂房、公园绿地等改建成简易实用的非标准足球场地，为人们参与足球运动提供更多便捷可达的场地。

（三）提高足球赛事的经营开发水平

当体育产业在政策春风的吹拂下遍地生根发芽之时，嗅觉敏感的资本不断涌入以寻找增值的空间。当中国足球超级联赛版权被史无前例地卖到5年80亿元的时候，人们自然对赛事的经营开发水平怀有更高的预期。小到俱乐部球员组合、教练员执教水平、明星球员配备，大到联赛的招商、赛事包装、赛程安排、赛事转播，每个环节都对专业性提出了很高的要求。足球赛事的经营开发应该本着“让专业人干专业事”的理念和原则，将专业性较强的领域进行外包，集中众人的力量共同为社会打造高质量的足球赛事。目前，国内外不乏专业的体育赛事运营管理公司，不乏高水平的体育经营管理人才，从创赛事品牌的角度看，在满足各方利益诉求的情况下，如果目标是为了提高赛事的经营开发水平，适当让渡赛事资源的垄断权也未尝不可。

五　不足与展望

足球发展评价仅仅是对我国足球发展进行量化评价的试验性探索，在指标体系构建、指标筛选等方面都还有进一步完善与改进的空间。

首先，评价指标体系的设计有待进一步完善。虽然本文在建立评价指标体系时依据了《中国足球改革发展总体方案》和《中国足球中长期发展规划（2016～2050年）》的内容，也充分考虑了各个城市足球发展的实际情况，但是因为我国足球发展涵盖的领域较广，限于既有的研究条件，无法对每个方面都进行细致的评价与分析。本研究所设计的评价指标体系也并非一成不变，指标体系的内容也会随着研究条件与足球运动的不断发展进行不断调整和完善。

其次，部分重要的评价指标因为数据可得性问题未能纳入计算。足球发展评价指标体系构建与测算是一个复杂而系统的工程，不但需要基础理论和数理统计知识的支撑，还需要大量准确客观的数据作保障。为获取尽可能详尽的数据资料，笔者通过各城市的政府网站、体育局、足球协会、足球俱乐部、足球论坛等渠道对指标数据进行了逐一查询与搜索，但是由于目前全国范围内关于足球发展的统计工作并不完善，各个管理部门在数据搜集与统计方面的规范化、常规化管理也较欠缺，以及一些部门主动公开信息的积极性不高，因而搜集到的指标数据信息有限，这对足球发展定量化的计算造成了很大的制约。在计算过程中，一些本该被纳入的重要指标，如足球赛事赞助收入、门票收入、电视转播收入等，在测算过程中因为数据缺失而不得不遗憾舍弃。

在各地积极响应国家足球发展政策的过程中，相信会有越来越多的部门重视足球发展的监督评价工作。为促进各地足球的持续健康发展，希望可以由政府牵头，相关行政部门、足协等社会团体共同参与建设一个足球信息化平台，这样不仅有利于动态跟踪监测各地足球发展状况，同时也为各地足球工作的考核评估提供了便捷。此外，信息化平台还可以作为各地足球资源的重要推介窗口，向业界人士集中展示各地的足球发展特色。届时，中国足球发展水平的定量化分析也有望依托于信息化平台的数据资料，为社会提供更丰富的信息，为部门决策者提供更多有价值的参考依据。

B.9
中国马术俱乐部发展现状及趋势分析

摘　要：本文以中国马术俱乐部为研究对象，根据不同业务类型（以奥运马术项目为主的障碍马术俱乐部、西部马术俱乐部、速度赛马俱乐部）从经营管理模式的分析中得出中国马术俱乐部的发展现状和面临的问题，在借鉴国外马术俱乐部成功经验的同时，探讨我国马术俱乐部未来的发展趋势。

关键词：马术俱乐部　奥运马术　西部马术　速度赛马

在2016年里约奥运会上，中国骑手华天单枪匹马出战马术三项赛，取得了第八名的辉煌战绩，创造了中国马术项目奥运会最好成绩，举国欢呼。在一片喝彩声中，我们是否也应该冷静思考这样几个问题：中国有13.6亿人口，为什么中国奥运马术军团只有华天一人孤军奋战？一个人的中国奥运马术与我泱泱大国5000年马文化的历史极其不符。奥运马术团体赛离我们到底有多远？华天出生在英国，在英国接受教育，长期在英国的马场训练，作为培养骑手的基础单元和重要基地的马术俱乐部，何时中国本土马术俱乐部培养的骑手才能出战奥运会？是2020年东京奥运会，还是2024年第33届奥运会，还是更遥远的未来？

本文以中国马术俱乐部为研究对象，根据不同业务类型从经营管理模式的分析中得出中国马术俱乐部的发展现状，所面临的问题，在借鉴国外马术俱乐部成功经验的同时，探讨我国马术俱乐部未来的发展趋势。

本文作者走访了四家有代表性的马术俱乐部的资深专业人士并获取第一手资料，包括以障碍马术等奥运马术项目为主导的北京天星调良国际马术俱乐部执行总教练杨富军，以西部马术为代表的美国夸特马协会（AQHA）中国分会会长、无疆牧场 CEO 安涛，以速度赛马为代表的北京京华兴马业俱乐部创始人、中国马业协会理事、北京市马术运动协会副会长、北京市马术运动协会速度赛马委员会主任任宁宁，还有综合了以上马术项目以及以马匹繁育为代表的内蒙古邦成马术俱乐部总经理姜文俊。几位专业人士以自身多年从业经验解读了中国马术俱乐部发展的前世今生。

一　中国马术俱乐部发展现状

本文从中国马术俱乐部的整体规模和不同业务类型马术俱乐部的经营模式方面分析中国马术俱乐部的发展现状。

中国马术俱乐部的发展历程是在近 30 年时间里，随着中国经济的发展和人们的需求应运而生并逐步发展壮大的。中国马术发展目前还属于初级阶段。过去中国没有现代马术，以前中国马文化是使役马文化，即骑兵、拉马车等。现代马术被引进中国是在 20 世纪 80 年代，并成立了中国马术协会。中国于 90 年代正式从国外引进马匹，当时国内为数不多的马术俱乐部经营都比较惨淡，几乎没有营业额和会员。高速发展是在2008年以后，随着经济的发展，随着对外交流的增加，马术俱乐部整体成滚雪球的方式迅猛发展。

2010年以后马术俱乐部数量成倍增长，尤其是2012~2014年，进入一个迅猛发展的阶段，并且持续到现在，相信还将持续增长。进入马业的从业人群也有所不同，以前是爱马人士，因为自己对马强烈的喜爱，对马有一种情怀，并且有经济条件自己开马场，严格意义上说不能算马术俱乐部，应该算是马场。初期只是为了自己娱乐，或者满足自己的一个梦想。从2012年开始这种状态发生了改变，因商业目的和经济原因而进入马业领域的人越来越多，马术俱乐部已经成为一种投资可能，其组成成分多样化，有上市公司、资本运营商等，以前只是“情怀”两个字，现在是各种因素，当然也会有“情怀”，马术俱乐部的数量迅速增长。进而入行的人群丰富化、入行的原因多样化，这一变化使马术或者说马业成为可能，以前根本谈不上是一个行业。

（一）中国马术俱乐部总体规模

2016年3月，《马术》杂志、马术在线与北京正诚腾骏国际贸易有限公司联合发布“中国马术俱乐部及2015年进口马匹统计数据”。据统计，截至2016年3月10日，我国大陆地区马术俱乐部数量达到823家，俱乐部类型包括对外经营型俱乐部、会员制俱乐部、私人马场和竞技型俱乐部。我国马术俱乐部数量排在前十的省份分别为：北京155家（占总比例的18.8%）、山东100家（占总比例的12.2%）、江苏55家（占总比例的6.7%）、河北53家（占总比例的6.4%）、辽宁51家（占总比例的6.2%）、浙江51家

（占总比例的6.2%）、上海39家（占总比例的4.7%）、河南35家（占总比例的4.3%）、广东33家（占总比例的4%）、内蒙25家（占总比例的3%）。前三名省份（北京、山东、江苏）的俱乐部数量占全国马术俱乐部总数的37.7%，超过1/3。据统计，全国马术爱好者13万人左右，逐年递增速度非常快，其中绝大多数是依托于马术俱乐部进行骑乘和训练。全国马术爱好者数量分布排名前十的省份分别是：北京（占总比例的15.56%）、上海（占总比例的8.84%）、广东（占总比例的6.24%）、山东（占总比例的5.69%）、江苏（占总比例的5.01%）、辽宁（占总比例的4.40%）、内蒙（占总比例的4.38%）、浙江（占总比例的3.73%）、新疆（占总比例的3.63%）、河北（占总比例的3.44%）。这里的马术爱好者是指长期关注马术行业动态并且有固定时间骑马的人。俱乐部平均马匹数量51匹。①

由此可见，我国的马术俱乐部数量和马术爱好人群毋庸置疑是以北京为首，沿海地区发展较快，向内陆辐射，新疆、内蒙少数民族地区保有传统民族马术项目。其特点是北京和沿海地区现代马术俱乐部较多，西北边疆地区以速度赛马为主。速度赛马的表现形式跟现代马术完全不同，其本质是赛马。现代马术是一种体育竞技运动项目，是奥运会项目和全运会项目，包括障碍赛、三项赛、盛装舞步，西部马术目前还没有进入奥运比赛项目，也没有进入全运会比赛项目，但是西部马术项目是国际马联的比赛项目，其在全世界

① 《2015年中国马术行业大数据首度公开》，新浪网，2016年3月17日，http://sports.sina.com.cn/o/e/2016-03-17/doc-ifxqnski7675728.shtml。

的普及度非常高。西部马术在国内分布主要在江浙地区、华北地区比较多一些。

由此可以看出中国马术俱乐部的整体数量、区域分布及马术爱好者状况。

（二）中国马术俱乐部经营现状

中国马术俱乐部根据不同马术项目业务类型可以分为以下三类：一是以奥运马术项目为主导的障碍马术俱乐部，包含障碍马术的基础课——初级盛装舞步；二是西部马术俱乐部；三是速度赛马俱乐部。本文主要研究以这三种马术项目业务类型为主的马术俱乐部的经营管理现状。其他还有以马球、耐力赛、野外骑乘、传统民族马术、马匹繁育等项目为主的马术俱乐部或马场，占中国马术俱乐部的比例非常小，不作为本文研究对象。

1. 以奥运马术项目为主导的障碍马术俱乐部经营现状

速度赛马在民间有一定的持续性，如果想走入商业赛马，不是短期能做到的，所以现在马术俱乐部的发展还是以英式马术领军的障碍马术为主，其对场地要求不是很高，相对来说同西方交流较多，大量吸收西方先进理念，会员层次、教练层次相对较高。障碍马术是奥运会和全运会项目，地方政府和体育局的支持力度比较大，有投入，中国在最早发展马术运动时，把各省运动员都送到国外学习，同西方交流频繁，有素质较高的马术人群和较好的氛围。

“马术俱乐部究竟是为了竞技成绩还是为了俱乐部的发展，对中国马术来说也是个矛盾的问题。现在做得比较好的如北京天星调良国际马术俱乐部的模式，会员众多、高端、整体硬件环境好，说明国内对马术是有硬需求的，虽然会员费、马房费、入厩费、饲养费较高，但是会员和马厩的名额都是供不应求的，说明中国对高端马术的需求量是很大的。肯定的是，北京天星调良国际马术俱乐部是国内少数几家盈利的马术俱乐部之一，是俱乐部运营的典范。北京西坞乡村马术俱乐部不是以会员教学运营为目的，主要是以会员马匹竞技为主，不招收过多的会员，也不入厩过多的马匹，它尽量给自己的会员及运动员一个好的环境，目的是为了提高比赛成绩，相对来说更注重专业竞技成绩。”内蒙古邦成马术俱乐部总经理姜文俊表示。

（1）俱乐部发展规律：教学与比赛相结合，同时发展马主

本文以北京天星调良国际马术俱乐部为例分析其经营现状。北京天星调良国际马术俱乐部是目前国内唯一获得国际马术俱乐部认证（British Horse Society Approved）的最高星级马术俱乐部，自1999年建场以来一直从事马术基础培训，组织和承办国内外赛事，现有马匹160余匹（含欧洲进口温血马等），具有10余年的专业培训体系和马匹寄养及管理服务，来自国内及其他40多个国家及地区的成人和青少年长期在这里接受马术培训，其中绝大多数为私营业主、使馆人员、内外资企业高管等高端人群。据北京天星调良国际马术俱乐部执行总教练杨富军介绍，天星调良马术以初级盛装舞步和场地障碍为主，面向大众、面向马术爱好者、面向马主。俱乐部的发展规律是：教学与比赛相结合，同时发展马主。马术俱乐部要有高质量的马匹、严谨的教学系统、优质的服务、规范的管理。

俱乐部经营和举办比赛哪个更重要、更有利？天星调良马术的模式经营一定是赚钱的，但举办比赛还在培育阶段。目前在中国马

术市场上，如果想用比赛赚钱还有很长的路要走，因为比赛需要很多赞助、有高额奖金才有吸引力。天星调良马术正在开始做高端赛事，包括 FEI（国际马联）的比赛，但是永远不会把教学这个生产力丢掉。天星调良马术每周都举办面向成人和青少年的系列比赛，其普及作用更大一些。“举办比赛的最终目的是服务，尽可能给选手、马匹、马主、赞助商等提供一个很好的平台和环境，让大家能发挥好，有所收获，得到快乐。”杨富军表示。

（2）俱乐部良性发展的基础是系统和规范

天星调良马术的发展从最初的十几匹马，到慢慢发展客人，发展会员，到有了第一位马主，这是个新兴事物从无到有出现的过程，包括天星调良的教练们后来“走出去”学习，把国外教练请进来，每一步在刚开始接触时都是从未实践过的，后来逐步水到渠成。天星调良马术是一步一个脚印走过来的，它代表了一个行业的发展。它开始有规矩，开始有限制，开始培养教练员，开始跟国际接轨。所有这些都需要有一个系统、有一个规范才能有良性的发展。目前，天星调良注册会员数量达到数千人，其中比较活跃的有数百人，比较活跃指至少每周骑一次马，或者是相当活跃的。马匹构成是 160 匹马，当中 60% 是马主的马，有 90 匹左右，另外一些是教学马，还有一些是在调教的年轻马。为什么马主马比较多？当会员学习一段时间后，会希望提高、进步，会希望拥有一匹自己的马，马会教会人很多，马是特别好的老师。

中国的马术俱乐部 95% 都是亏损的，然而天星调良马术不在其中。杨富军表示：“天星调良马术的经营是有收入的，并且会用收入来不断更新设备。它不足以发家致富，能把马场支撑下去，保证其良性运行，够开销，还有一些盈余去更新设备，做场馆和场地的改进，赚的钱没有放进口袋里面，而是继续用在项目上面。天星调良马术运营良好就是因为其系统和规范，吸引了众多会员来骑马，吸引了众多客户，吸引了众多马主来此寄养马匹。”

(3) 俱乐部核心是人员

马术俱乐部的核心是人员，天星调良马术一直以来能有一个稳定的发展跟人有很大的关系，各部门的领导包括马房骨干、教练骨干，他们在天星调良马术工作都超过十年，经历了天星调良马术发展的整个过程。现在天星调良马术工作人员近100人，分为几大部门，包括教练团队、马房、市场部、会员服务部、后勤部、保安部等，其中教练团队25人，教练员必须取得认证资格后才能真正成为教练。这一认证是跟英国BHS（英国马会）教练员系统合作的，必须严格按照此系统考核达到初级教练能力才能开始为会员教学。天星调良马术已经具备自己教授教练员的能力，每年还会有三到四次请英国教练过来教授，最终由英国考官考核。目前，也有其他马术俱乐部在做法国、德国等马术系统教学，百花齐放是好现象。

从北京天星调良国际马术俱乐部的发展过程可以看出，以奥运马术项目为主导的障碍马术俱乐部目前已经形成完整的产业经营链条，形成了一种商业模式，并逐步发展壮大与国际接轨。其位于北京市区东北的中央别墅区，周围环绕着众多高尚社区、国际学校和艺术区等，优越的地理位置也是其发展良好的重要因素之一，商业模式也很具有代表性。障碍马术俱乐部的发展规律是教学与比赛相结合，举办比赛的最终目的是服务，为大家提供平台和环境，同时发展马主，俱乐部要有系统、有规范才能良性发展，而核心是人员。

2. 西部马术俱乐部经营现状

（1）西部马术俱乐部尚未形成有效商业模式

西部马术俱乐部或西部马术马场是除了英式障碍马术俱乐部之外的第二大马术俱乐部。“西部马术发展的时间比障碍马术短得多，而且在发展初期，由于种种原因西部马术的门类比较窄，所以西部马术发展到今天并没有形成以教学为主要经营手段的马术俱乐部群体。虽然有些西部马术俱乐部说自己可以教学，但是其并没有形成一个完善的培训和销售体系。所以，西部马术俱乐部至今仍然没有形成一个有效的商业模式，但是市场上对这种需求的呼声非常高。同时，西部马术的表现形式基本上覆盖了野外骑乘这些业余马术爱好者、不愿进马场的人，他们都会以西部马术的表现形式出现，虽然他们可能在马术本身上没有很高的建树，但起码在表现形式如装备上是西部马术的装备。西部马术的受众群是广泛的，同时也有了一定的群众基础和一定的俱乐部基础，但是到目前为止确实尚未形成商业模式。”美国夸特马协会（AQHA）中国分会会长、无疆牧场 CEO 安涛表示。

（2）人群相对松散，发展可以依靠行业协会主导或强强联合

西部马术俱乐部的特点是受众群体更广泛，包括野外骑乘、西部绕桶、穿桩、牧场马术等人群，这个人群的结构大部分是野外骑乘群体转变过来的，人群相对比较松散、休闲，不想投资过多，不需要太高端，能自娱自乐即可。西部马术爱好者的重心是少花钱多办事，而不是像英式马术一样为了成绩愿意花钱。所以国内的西部马术比赛是迎合他们的心理而设计的，用国产马也能参赛，这种状况肯定会发生变化，跟美国等国家相比，我们应该更好地依靠协会

的力量。一个经营再好的马术俱乐部也是没有辐射力的，不可复制的。关于标准的制定，马术的推广靠一个俱乐部是不行的，所以一定是由行业协会来主导。西部马术俱乐部也可以强强联合，民间可以参与规章规则的制定，成为马术行业的推广者。

由此可见，目前西部马术俱乐部尚未形成有效的商业模式，人群相对松散，不想投资过多，未来发展可以靠行业协会主导或与西部马术俱乐部强强联合。

3. 速度赛马俱乐部经营现状

马业另外一个很大的领域就是速度赛，速度赛在马业领域里是一个单独的部分，速度赛并不属于马术范畴，马术是马术，速度赛是速度赛，它是一个很大的板块儿，可能会带来很高的经济效益，也有很多先决条件。“国内速度赛在这两年非常火、非常热，也有资本进入，其究竟能发展到一个什么程度，我们要拭目以待。因为目前整个速度赛圈子是有一个政治梦想的，这个政治梦想是否能实现只能走着看，如果这个政治梦想最后破灭了，速度赛也不可能有太大的发展。”安涛表示。

（1）进口速度赛马占进口马匹总比例少

中国速度赛马成规模的俱乐部全国只有20～30家，成规模是指至少有20～30匹马、有自己的马场、有自己的赛场的俱乐部。分布地区较广，主要在北京、内蒙、新疆、甘肃。全国每年进口几千匹马，其中速度赛马占的比例很少。最多的是莱德国际马术俱乐部，近几年共进口1000多匹马，其次是北京京华兴马业俱乐部，进口500多匹马，都是纯血马。“希望以后能把速度赛做成赛中国的马，即在中国出生的纯血马，把奖金提高。能参赛的马估计在全国有200匹左右，达到三级赛水平。”北京京华兴马业俱乐部创始人、中国马业协会理事、北京市马术运动协会副会长、北京市马术运动协会速度赛马委员会主任任宁宁表示。

（2）速度赛马俱乐部整体经营亏损，需要其他产业支持

“做速度赛马的俱乐部都不挣钱，京华兴马业拥有176匹纯血马，每天饲养费用为1.6万元。每匹速度赛马每年饲养费需要10多万元。京华兴马业的工作人员总数46人，其中骑手、教练12人，不对外招收会员。马匹交易方面，从国外买马在国内出成绩后再卖出是可以挣钱的，但是从俱乐部整体经营上是赔钱的，需要有别的产业支持。”任宁宁表示。

位于北京通州的北京京华兴马业俱乐部里面有间厂房，正在生产马闸，马闸销售的利润会用来贴补俱乐部养马支出，但还远远不够。

由此可见，速度赛马俱乐部整体数量少、进口速度赛马占进口马匹总比例少，一般不对外招收会员，以比赛为主，近年来虽然赛事增多，马匹交易可以盈利，但是俱乐部整体经营亏损，需要其他产业支持，否则难以生存。

（三）结论

中国马术俱乐部经过30年发展已经初具规模，以奥运马术项目为主导的障碍马术俱乐部数量最多，已形成完整的商业模式，并逐步发展壮大与国际接轨，但绝大多数亏损，只有少数是盈利的；西部马术俱乐部数量其次，人群相对松散，目前尚未形成有效的商业模式；速度赛马俱乐部数量少，整体经营亏损，需要其他产业支持。

二　中国马术俱乐部面临的问题

（一）整体经营管理水平欠缺

从马术俱乐部的管理来说，有个别马术俱乐部管理得比较好，而从整个业态来讲还是缺乏管理。从马房管理、饲养、兽医兽药、马匹健康、马匹训练，以及市场营销、会员管理等，虽然有些俱乐部有成功案例，但是极少。“我认为还处于一个比较荒蛮的时代，但这样一个荒蛮的时代也正是英雄辈出的时代，所以说它的原始性导致了它的可能性非常大。因此，现在的管理经营状态是一个群雄逐鹿的时代，马产业存在着巨大的机会，但是这个生态环境还是比较粗犷，还没有走出原始社会。从另一个角度来说，马术各门类都是舶来品，国外有非常先进、非常成熟的经验体系，随着我们国家越来越开放，随着走出去的人越来越多，把国外的引进来，我们可以迅速地找到一条中国发展之路，当然也要结合中国的现实。”安涛表示。

中国马术俱乐部缺乏的、不足的方面是理念上的。中国学东西很快，学完能利用得很好，但毕竟是少数，更多的俱乐部应该抓基础，踏踏实实不要急功近利。生存是一方面，要想长远发展必须一步步地把基础打牢，把口碑建立好，把管理制度完善，把人员水平提高，服务意识加强，这样才能立足于马术俱乐部行业之内。

（二）软件与硬件不匹配，人才缺失，人才培养体系亟待完善

马术俱乐部最重要的是软件，软件就是知识和人员，硬件是有

钱就可以做到的，软件是用钱也不一定能得到的，如果俱乐部真的想走长远的路，软件要放在第一位。

“针对以教学和经营为目的的马术俱乐部存在的问题，我认为有两个最主要的问题，一个是马匹的调驯问题；另一个是教练员的培训问题。”安涛表示。目前我国无论是人才队伍，还是系统的技术手段都是一个空白，当然现在有些马术俱乐部引进各个国家的教学体系，但这都是刚刚开始，而承载这些体系的人的技术水平和理解力目前还有欠缺，需要继续的、持续的、长久的学习。关于人才库的储备问题，例如马房经理、教练、马工等，并没有形成一个行业，尚未形成一个职业团体，其发展无法以个人意志为转移，要依靠整个马业的持续发展，真正吸纳国外的先进经验，只有自身形成一个有效的体系，这些问题才能迎刃而解。

2011 年和 2012 年开始，进口马匹数量已经达到每年数千匹，之后一直呈递增趋势。全国大部分马术俱乐部都是不盈利的，因为马匹进口的价格很高。过去中国传统的马匹已经不能满足现在俱乐部的要求，开办马术俱乐部就需要进口好的马匹，虽然进口了这么多好马，但是人才和技术提高的速度却没有进口马匹增长的速度快，软件跟不上硬件，盖了很多高档马房，但是培训和人才、技术没有跟上，造成越是好马进入中国越是没有前途，优势和能力没有发挥出来，最终结果是变成了育种的马，放在角落里变成了观赏的马，失去了其真正的价值，有能力的马需要有能力的人去驾驭、去培训、去骑乘，没有伯乐好马就被毁掉了。

马匹的进口速度快，但是会员的增长速度和从业者的人才素质没有跟上，这是一个理念的问题。虽然有钱了，硬件设施跟上了，但是文化理念跟不上。过去中国传统理念没有现代马术的概念，只有蒙古马、军马、战马，拉车马、使役马，文化理念的更新需要马术俱乐部与国家政策的支持与推广。“我做马术俱乐部这么多年，最困惑的就是这么多人来骑马但是骑马的理念是不对的，骑马应该上升为精神层面的骑士精神、马术常识，现在大部分人都认为我骑马是为了健身，为了寻找刺激，这就是文化理念没有跟上。培养文化理念是需要一个过程的，需要大家去推广，希望广大会员对西方马文化逐步有一个认知度。这是不能强求也不是立竿见影就能做到的，是需要一个过程来渗透和让人接受的。”姜文俊表示。

速度赛马没有被正式列为马术比赛项目，既不是奥运会项目也不是全运动项目，制约了其发展。国内没有正规培训教学体系，没有骑士证。京华兴马业会定期送骑师去爱尔兰进行三个月短期培训，骑师获得骑师证书。90%的中国骑师只能自己摸索着去学习，不能接受正规教学，并且设施与国外的差距非常大。

综上所述，中国马术俱乐部面临的问题就是整体经营管理水平欠缺，软件与硬件不匹配，人才缺失，人才培养体系亟待完善。

三　国外马术俱乐部的成功经验

（一）规范化的模式

国外马术俱乐部主要分两种形式：一是私人马房。私人马房是不对大众开放的，只对个别私人开放，他们把马放在那里，有人教骑马。私人马房主要是训练马匹、训练骑手，参加比赛更多一些。二是带有经营性质、以教学为主的俱乐部，在欧美叫 Riding Center，即马术中心、骑术中心。学员来马术中心上课，有小组课、私人课等，教练不一定是驻场的，每周去各家俱乐部上课，类似客座教练。比如一位奥运会选手，如果每周二固定在某家俱乐部上课，学员可以提前约课，也许半年的课都已约满。无论是哪种形式的教练都不会急功近利，都会按照规定来上课，包括安全方面等。俱乐部更注重培养基础马术。英国条款会更多一些，略显死板但十分守规矩，例如学员上课必须摘掉耳环、戒指，头发必须盘起来，牵马必须戴头盔等。每个国家的系统各有千秋，看针对什么样的人群。

“天星调良结合了这两种形式，如果纯做马主马房就太封闭了，对俱乐部的发展不利，如果只做对外开放的马场就永远没有往上提升的机会。”杨富军表示。

“有技术能力之后才能发展，才能带动国内的发展。国外的马术很规范，是成型的，长期以来形成了一套完整的教材，注重制定标准，包括马匹的标准、骑手的标准、驯马师的标准、教练的标准、马工的标准等，形成了一套规范化的模式。这一点对在国内开展产业是非常有好处的。”姜文俊表示。

（二）马术成为一种休闲生活方式

目前国内的马术俱乐部马场超过 800 家，相比于法国 8700 家俱乐部、德国 11400 家俱乐部而言，我们还有相当大的发展空间；国内开设马产业相关课程的学校只有 20 所，包括本科、大专、中专和职高，国外数字要远远高于此。①

美国的马术俱乐部最多，人口众多，地域辽阔，经济强大，马术成为一种休闲生活方式，例如在洛杉矶，一个方圆20公里的地区内有10多家马术俱乐部，而且俱乐部规模都很大，有西部马术俱乐部、障碍马术俱乐部，还有综合型马术俱乐部，包括西部、障碍、耐力等各种马术项目。一般靠近山边靠近郊区的地方都有马术俱乐部，各家都养马，非常普遍。国内马业现状与国外差距很大，在国外，训练前需要预约马匹和教练，养马人员与教练分开。国外俱乐部非常多，是一种生活方式，跟国外相比，国内的俱乐部更像会所。在国外，政府提供很多公共设施，可以骑马，是大家聚会的地方。例如邦成马术俱乐部在美国买马时，当地的召集人会租好场地后召集周边所有养马的人带着马过来做一场马秀，包括马匹展示和表演。

美国有马术一条街，大大小小的马术俱乐部一家挨着一家分布在一条山路上，马术俱乐部教练员跟国内不同，大多数以兼职的形式教学，有很多是自由职业教练，以后我国也可以借鉴。大的马场可以提供场地、马房管理服务、教学马，自己可以养几匹马参赛用，而这个大马场不用自己养教练，所参赛获得的奖金与俱乐部分成即可，模式很多，这种模式可以刺激一些大牌教练，他们的资金绝不够开一个马场，鼓励他们成为自由职业者，成为自由职业教练，所获得的鞍时费与俱乐部分成，教练主要靠参赛获得名气，所以会积极开发会员，也会鼓励会员去参赛，因为会员参赛会为教练扬名。

---

① 《中国马术产业渐入佳境 赶超国际水准成奋斗目标》，新浪网，http：//sports.sina.com.cn/o/e/2016-02-29/doc-ifxpvysv5004437.shtml，2016年2月29日。

（三）政府统一管理的体制

“爱尔兰模式是以赛马场为核心，育马场里有赛场，赛场周围有马房，政府有骑师工会、赛马委员会。爱尔兰、新西兰、澳大利亚都有赛马工会，由赛马工会统一管理，我国还没有类似的体制。”任宁宁表示。

（四）加强行业内及行业间的合作，形成区域凝聚力

法国马术俱乐部发展较好，很大原因在于其采用携手合作、共同营销的方式。因此，马术俱乐部的发展可以通过俱乐部之间相互联合宣传、经营等建立区域性的联合体，推出逐站式的体验线路等。或者可以跳出行业圈，联合消费群体交叉度较高、特质相同的其他行业主体，如高尔夫俱乐部、户外运动俱乐部、汽车俱乐部、金融机构、航空公司、SPA 和温泉度假村、礼仪服务公司等，通过会员共享、积分累积、合办活动等方式开展跨行业合作。以此克服力量薄弱、市场狭小、竞争加剧的困境，实现互惠共赢。①

综上所述，国外马术俱乐部的成功经验主要是规范化的管理模式，马术已经成为人们的一种休闲生活方式，政府统一管理的体制，行业内及行业间的紧密合作从而形成区域凝聚力，这些都值得我国马术俱乐部学习和借鉴。

---

① 《马术的发展模式》，中国百科网，http：//www. chinabaike. com/z/shenghuo/kp/2016/0702/5534811. html。

四　我国马术俱乐部未来发展趋势

（一）打牢基础，提高理念

马术俱乐部面对的是会员、马主，最重要的是要打牢基础，基础就是狠抓教学，把根基做扎实，只有注重教学，俱乐部教出来的学生才都是有一定水平的，就像艺术家一样，对自己雕刻出来的作品才会满意。安全方面，应提高教练员水平和专业知识、理念意识，以及综合能力。不能急功近利，举办比赛也是要一步一步地来，慢慢建立良好的被大家认可的口碑，这样才会向健康的方向发展。

（二）培训人才，推动行业发展

“像我们这样对马有情怀的业内人士可以为那些没有机会出国学习马术的从业者提供培训和学习的机会。马花钱就能买得来，但是各个马术俱乐部都缺少骑手和教练，开设真正的马术培训学校，输出人才，通过对有一定马术俱乐部工作经历的从业者进行正规系统的培训，使他们懂得行业规范，完成培训后可以用其工作经验和新增加的专业知识技能成为业内优秀的人才，从而推动行业的发展。这些基础工作做好了，就会出现行业精英。有明星，有赛制，有基础人群，体系就完善了。只有规范化的人才才能使俱乐部生存和发展。”安涛表示。

（三）加强马术的传播和推广，借鉴国外经验，依靠政府扶持政策推动

马术需要传播和推广，目前从业人群少，受众人群少。要借鉴国

外经验，争取得到政府扶持，需要找适合中国国情适合本土的模式。中国有很多优势，人口众多，大城市人口集中，容易形成大规模趋势，时尚引领，传播速度快，应将平台、资源、技术结合在一起。

提高马文化理念一方面需要马术俱乐部从业者有耐心；另一方面需要国家产业政策的引导扶持，现在国家的政策对马业的发展是有利好趋势的，国家体育总局已经把马术列入大众文化休闲体育运动范畴之内。2016 年 8 月 26 日，农业部明确表示赛马可通过市场运作做大做强，中央财政将支持发展马业。除此之外，国家大力发展旅游业、文化产业。马术本身就是文化，离不开政府的支持、离不开文化产业的支持、离不开旅游产业的支持，这样马术产业才可以发展起来。只依靠一小部分从业者去研究马，靠个人的微薄之力去推动力度不够。业内人士只能做一些具体的事情，真正支持产业的事情还是要靠政策去推动，争取国家给予更多政策上的优惠和扶持。

马术越来越普及，马术爱好者越来越多，市场需求不断增长，我国马术俱乐部越来越与国际接轨，马业发展趋势良好，未来几年马术俱乐部数量会继续大幅度增加。马术俱乐部需要做的是打牢基础，提高理念，培训人才，依靠政府扶持、政策推动行业发展，加强马术的传播和推广，借鉴国外经验。中国马术俱乐部已经从“情怀时代”向“系统时代”转变，未来必将向“产业时代”迈进。期待中国本土马术俱乐部培养的骑手早日出现在奥运马术赛场上，期待中国马术军团能真正成为一个强大的团队去参加马术团体赛的争夺。

皮书起源

“皮书”起源于十七、十八世纪的英国，主要指官方或社会组织正式发表的重要文件或报告,多以“白皮书”命名。在中国,“皮书”这一概念被社会广泛接受，并被成功运作、发展成为一种全新的出版形态，则源于中国社会科学院社会科学文献出版社。

皮书定义

皮书是对中国与世界发展状况和热点问题进行年度监测，以专业的角度、专家的视野和实证研究方法，针对某一领域或区域现状与发展态势展开分析和预测，具备原创性、实证性、专业性、连续性、前沿性、时效性等特点的公开出版物，由一系列权威研究报告组成。

皮书作者

皮书系列的作者以中国社会科学院、著名高校、地方社会科学院的研究人员为主，多为国内一流研究机构的权威专家学者，他们的看法和观点代表了学界对中国与世界的现实和未来最高水平的解读与分析。

皮书荣誉

皮书系列已成为社会科学文献出版社的著名图书品牌和中国社会科学院的知名学术品牌。2016 年，皮书系列正式列入“十三五”国家重点出版规划项目；2012~2016 年，重点皮书列入中国社会科学院承担的国家哲学社会科学创新工程项目;2017 年,55 种院外皮书使用“中国社会科学院创新工程学术出版项目”标识。